공부가

내 맘 같지 않은
네 가지 이유

공부가

내 맘 같지 않은
네 가지 이유

정태형 지음

학생들과의 질의응답 과정에서 얻은 깨달음을 이 책에 담았다

강한 생각의 흐름으로 공부한 지식을 잊지 않도록 끝없이 복습을 하고

부족한 지식이 있으면 서두르지 말고 차곡차곡 쌓아라

좋은땅

여러분에게

　많은 시간 동안 시험 준비하면서, 수학을 강의할 때 학생들과의 질의응답 과정에서 얻은 깨달음을 이 책에 담았다.

　공부는 힘들지도, 어렵지도 않다. 그런데 우리가 그렇게 생각을 하게 되는 이유 중 하나는 공부한 지식을 자신의 지식으로 만들지 않아 기억 속에 없거나, 다른 하나는 힘들고 고생하여 얻은 지식을 복습을 하지 않아 부실하고 부정확하게 하는 것이고, 마지막으로 평소에 생각하는 습관으로 만들어진 학습습관이다. 우리의 습관적 행동은 실천적 의지로 억제할 수 있고, 개선할 수 있지만, 학습습관처럼 생각으로 만들어진 습관은 의지만으로 개선하기 어렵다. 예컨대, '공부하기 싫다.'는 생각이 한번 생각 속으로 들어오면 공부하라고 아무리 강조하여도, 의지를 앞세워 공부를 하려고 아무리 애를 써도 뇌는 받아 주지 않는다. 그러니까 생각의 흐름을 방해하는 생각하는 습관을 먼저 개선하지 않는 상태에서는 학습에 발전을 결코 가져올 수 없다는 것을 말하여 주고 싶은 하나다.

　사실, 공부는 출발점도 도착점도 없다. 그러니 공부가 '힘들다. 어렵다.'고 부질없는 걱정보다 공부를 방해하는 생각습관을 버리고 목표를 정하여 시작하면 된다. 수험생의 현 위치에서 최고의 목표는 좋은 성적을 얻는 것이고, 좋은 성적을 얻기 위해서는 적극적이고 실천적 의지를 발휘하여 실행하면 된다. 목표를 이루기 위한 적극적 의지는 목표의 방향과 생각의 흐름의 방향이 일치하기 때문에 생각의 흐름을 강하게 가속화시켜 집중력과 집요함을 만들어 낸다. 그 강한 생각의 흐름으로 공부한 지식을 잊지 않도록 끝없이 복습을 하고, 부족한 지식이 있으면 서두르지 말고 차곡차곡 쌓아라. 그리고 '구슬이 서 말이라도 꿰어야 보배라.'는 속담이 말해 주듯 생각의 방에 쌓여 있는 지식을 적극적으로 활용하여 응용력을 갖도록 해야 한다. 이것이 바로 이루고 싶은 꿈을 이루는 최고의 비결이라는 말하여 주고 싶은 또 다른 하나다.

목차

PART 4

공부를 위해 반드시 갖추어야 할 것

PART 5

시간과 나와의 관계

PART 6

공부에서 성실과 효율

PART 7

습관

PART 8

공부의 최고의 방법은 복습

PART 9

꿈을 이루기 위해 꼭 실천해야 할 것

PART 10

메모

PART 1

생각의 흐름이 방해받을 때

'공부를 열심히 하겠다.'라는 의지는 공부하는 사람에게 있어서 최고의 정신적 자신이다. '공부를 좋아하는 사람이 어디 있겠느냐?'는 말이 의미하듯 의지의 정신이 없다면 좋아하지 않는 공부를 누가 얼마나 끈기 있게 하겠는가? 생각해 보라. 공부는 단순한 행위를 요구하는 육체 노동과는 다르다. 육체적 에너지를 요구하는 것은 물론 논리적 사고를 바탕으로 정신 집중까지 요구하는 정신적 노동이다. 이 뿐만이 아니다. 의지와 상관없이 생각 속에 들어와 논리적인 생각의 흐름을 방해하여 집중을 무너뜨린다는 잡념까지 물리쳐야 한다. 문제는 의지로 무너진 집중을 일으켜 집중해 보려 하지만 의지는 생각을 넘어설 수 없기 때문에 잡념들을 물리칠 수 없다는 것이다.

의지가 생각하는 습관을 넘어설 수 없는 몇 가지 이유가 있다. 하나는 성품 성향으로부터 나오는 생각의 흐름에 주변 환경과 직간접적으로 영향을 주고받으며 만들어진 무의식이 더해져 생각하던 습관이다. 또, 다른 하나는 일상생활 속에서 반복된 생각과 행동에 따라 생각하던 습관이다. 마지막으로 하찮고 쓸데없는 것을 끌어들여 의미를 부여하고 거기에 곁가지를 붙여 가면서 생각하는 생각습관이다. 이런 생각하던 습관으로 생긴 생각의 흐름은 강한 관성의 힘까지 가지고 있기 때문에 의지는 생각을 넘어설 수 없다.

그래서 생각하는 습관을 그대로 둔 채 공부를 열심히 하겠다는 의지로 공부량과 시간을 늘려 학습계획을 세우지만 생각습관을 넘어서지 못하고 그만두게 될 것이다.

그러니까 생각하는 습관을 바꾸기 위해 바꾸고자 하는 방향으로 생각을 계속하여 생각의 흐름을 만들어라. 그리고 그 흐름이 강해지도록 의지를 앞세워 수시로 되돌아봐야 한다. 그 흐름 위에 이루고자 하는 꿈에 대한 지식을 쌓음으로써 생각하는 습관이 바뀌면서 집중력 있는 공부를 할 수 있게 된다. 단, 그 지식은 정확하고 확실한 지식으로 확장성을 가져야 한다. 그래야만 생각의 흐름과 지식에서 나오는 생각의 힘이 더해져 이전의 생각습관으로 되돌아가는 것을 막을 수 있다. 꿈꾸건 꿈을 이룰 수 있다는 자신감에 열정이 더해진 공부를 한다.

규정짓는 말이나 표시에 갇힐 때

    선입견은 내용이나 문제를 읽고 관련 있는 지식을 적용하여 생각하여 보기도 전에 규정지어 놓은 틀 속에 생각을 갇히게 하여 논리적으로 이모저모로 생각을 할 수 없도록 한다.

    그렇다면 선입견은 어떻게 해서 생기는 것일까?

    선입견의 거의 대부분은 자신의 직접적인 경험 과정에서 생긴 것이라기보다는 주변에 있는 사람들과 생활하는 과정에서 간접적으로 생기는 것이다. 그것이 의식적으로 생긴 것일 수도 있고, 무의식적으로 생긴 것일 수도 있다. 어떤 의식이든 거의 대부분 잠재의식으로 기억되어 있던 것들과 유사한 상황을 접했을 때 관련된 잠재의식들이 동시다발적으로 관여하는 과정에서 생긴다. 유사한 상황이 반복되면 될수록 선입견에 관성의 힘까지 생겨 강한 선입견이 된다. 간단한 예를 들어보자. 마치 이런 것과 같다. 같은 메뉴를 파는 먹자골목에서 어느 음식점에서 먹을까 생각들을 하던 차에 한 친구가 먹어 본 적이 있는 음식점의 음식에 대해 맛이 없었다고 자기 주관적 판단기준으로 말을 한다. 그러면 가 본 적이 없는 이들의 대부분은 그의 판단규정의 틀에 갇혀 자신의 입맛만의 판단을 생각해 보지도 않고 맛이 없다고 한 음식점을 가지 않는다. 공부도 거의 마찬가지다. 특히, 수학에서 두드러지게 나타난다.

'어렵더라. 몇 번을 풀어도 모르겠더라. 어려우니까 설명을 집중하여 들어야 한다. 어떤 분야의 글은 읽어도 무슨 내용인지 모르겠더라.'라는 말과 '고난도, 최고난도, 상, 별의 개수, 오답률.'이라는 표시가 생각의 흐름을 방해하는 규정짓는 것들이다.

이런 말이나 표시를 듣거나 보면 예전에 마주했던 상황이 떠오르면서 그 생각에 갇히게 된다. 그러면 생각의 흐름이 막혀 마음이 답답해지면서 생각을 더 이상 진행하지 못한다. 문제는 싫다는 생각으로 끝나지 않고 갖가지 이유를 붙여 합리화함으로써 규정지어 놓은 틀 속에 더 갇히게 된다는 점이다.

그렇다면 선입견이라는 틀 속에 갇혀 알고 있는 지식마저도 제대로 활용해 보지도 못하고 주저앉거나 포기한 상황을 자주 마주하면서도 틀을 깨부수려는 노력을 해 본 적 있는가? 생각해 보라. 어쩌면 성적을 올리기 위해 이런저런 공부 방법을 시도는 하면서도 모르는 것을 당연하다고 생각하거나 대충대충 처리하고 그 틀을 벗어나려는 노력은 거의 하지 않는다.

그러니까 선입견의 생각에 한 번 갇히면 종속되어 지배를 받는다. 하지만 그 틀을 벗어나는 것은 생각보다 무척 단순하고 쉽다. 먼저, 어떤 지식이 부족한가를 찾아 채워라. 잊지 않을 정도로 복습을 하여라. 반드시 확인하는 복습을 하여 기억의 창고에 남아 있도록 하여라. 그러면 짧은 시간에 선입견에서 벗어날 수 있고 지식이 쌓이면서 자신감까지 갖게 된다.

부실하고 부정확한 지식으로 접근할 때

공부하는 사람 누구나의 바람은 공부한 지식을 오래오래 간직하면서 잊지 않고 필요할 때마다 기억의 방에서 꺼내 와 응용력과 창의적인 생각을 갖도록 하는 것이다. 그런데 '인간은 망각의 동물'이라는 것이다. 시간이 흐르면서 빛바랜 색깔처럼 어렴풋한 기억이 되고, 녹이 슨 쇠처럼 부실하여 효용가치가 없는 지식이 되어 제 역할을 못 할 수밖에 없다는 것이다. 그래서 공부한 지식을 잊지 않기 위해 얼마나 노력을 하고, 얼마나 적극적으로 활용하여 응용력을 갖도록 하느냐에 따라 결과에 결정적인 역할을 한다.

대충 공부하는 습관은 잡념 못지않게 지식을 부실하고 부정확하게 만든다. 이런 지식 때문에 번번이 스트레스를 받으면서도 대충하는 습관을 버리지 못하는 이유를 단 한 번이라도 생각해 본 적이 있는가? 곰곰이 생각해 보면 자신이 우습지 않은가? 공부를 대할 때, 어떤 방식으로, 어떤 자세로 대하는지 지금 당장 생각해 보라.

- 대충 공부하는 습관의 원인이 생각의 힘이 약하기 때문이라는 사실을 알고는 있는지?
- 공부한 내용이 시간이 지나도 생생하게 기억할 수 있도록 확인하는 복습을 얼마나 하였는지?
- 지식이 확장성을 갖도록 얼마나 자주 사용하고 있는지? 사용해 보려고 노력은 하는지?
- 한두 번 훑어보는 정도의 복습으로 기억 속에 계속 남아 있을 거라는 착각은 하고 있지 않는지?
- 문제만 풀고 문제와 관련된 지식을 쌓는 데는 소홀하지는 않는지?
- 문제와 관련된 지식을 끌어와 적용하고 활용하기 위해 얼마나 끈질기게 접근을 해 보는지?
- 논리도 이해도 부실한 대충 대충한 공부를 공부했다고 착각을 하고 있지는 않았는지?

스스로에 물어보라.

공부는 음식처럼 맛을 보고 맛의 정도를 판단할 수 있는 것이 아니다. 그래서 공부한 지식이 확실하고 정확한 지식인지 아닌지, 응용력을 가질 수 있을지, 아니면 부실하고 부정확하여 제 역할을 못 할 지식인지 내용의 상태를 가늠할 수 없다. 단지, 어떤 형식이든 테스트를 하거나 복습을 할 때 추정할 수밖에 없다.

대충대충 하는 학습습관을 버려라.

좋은 습관을 갖는다는 것은 쉬운 일이 아니다. 그런데 어떤 습관이든 나쁜 습관을 버린다는 것은 더더욱 쉬운 일이 아니다, 그중에서도 대충대충하는 습관을 버린다든지 개선하는 것은 정말로 어려운 것 같다. 그 이유로는 강한 집중력을 발휘해서 공부를 하는 것은 아니지만 그렇다고 집중을 전혀 하지 않는 상태에서 공부하는 것도 아니다. 아무튼 공부를 하기는 한다. 그래서 버린다든지 개선해야 할 점을 혼자서 찾는 것도 어렵고, 찾았다고 하더라도 어떻게 버려야 할지 어떻게 개선해야 할지를 찾는 것도 어렵다.

이런 학습습관을 가진 이들의 공부행태이다. 내용이나 문제가 쉬운 것은 쉬워서 알 수 있다고 대충 마무리를 하고, 귀찮거나 복잡하면 논리적으로 집요하게 생각을 해야 한다는 생각에 귀찮고 마음 답답함에 짓눌려 생각을 더 이상 진행시키지 못하고 포기를 한다.

마음을 답답하게 만드는 것은 집요함을 받쳐 주는 생각의 지구력이 약하기 때문에 대충 공부하는 습관이 만들어 낸 '조급함'이다. 빨리 답을 구하려고 한다거나, 내용을 성급하게 이해하려 하면 할수록 답답함의 무게는 더 커져 생각의 흐름이 방향을 잃고 우왕좌왕한다. 그래서 다시 접근해 보려고 의지를 다잡아도 집요함을 받쳐 주는 힘이 약해 논리적인 생각을 하지 못하고 해설을 참고하여 대충 마무리를 하게 된다. 조급함의 관성이 지속되는 가운데 있어서 해설 내용을 대충 훑어보고 '알 수 있어, 할 수 있어.' 정도로 그친다. 자신의 지식으로 만들려는 노력을 더 이상 하지 않는다. 문제는 그랬음에도 불구하고 공부를 하였다는 착각을 한다는 것이다.

생각해 보라. 대충 훑어보는 정도에 그친 지식이 어찌 부실하고 부정확하지 않겠는가? 기억에는 생생하겠는가? 지식들 간에 논리적인 연관 관계를 끈끈하게 가질 수 있겠는가? 아마도 몇 시간도 채 지나지 않아 다시 접근하여도 지식으로써 제 역할을 못 해 접근할 수 없어 답답한 마음을 극복하지 못하는 조금 전의 상황을 다시 마주하게 될 것이다.

이 습관이 만들어 낸 조급함과 부실하고 부정확한 지식은 문제를 보고 접근하기 전부터 '문제를 잘 해결할 수 있을까?'라는 불안감, 조바심으로부터 출발할 것이다. 설령 접근하더라도 중간 중간에 '무슨 뜻인지 이해할 수 없다. 모르겠다. 답을 볼까? 해설을 참고할까?'와 같은 이런 저런 잡다한 생각이 곁가지를 달고 생각의 흐름을 방해하여 논리적인 사고를 하지 못하게 한다. 그래서 문제나 내용이 요구하는 방향과 자신이 지식을 동원하여 접근하고 있는 방향이 맞는지 틀린지 구분하는 것조차도 힘들다. 비록 접근방향이 맞지 않았다는 것을 알았다고 하더라도 처음 접근하였을 때 생각의 힘을 소비하면서 지치고 짜증 나 더 이상 접근하려는 생각조차 하지 못한다.

그러니까 대충대충 공부하는 습관을 버리고 싶다면, 가장 먼저 정확하고 확실한 지식을 만들어 논리적인 생각을 할 수 있도록 하는 것이 무엇보다 중요하다. 그다음으로는 그 지식을 적극적으로 적용하고 활용하면서 생각의 힘을 만드는 것이다. 그러면 집중력을 받쳐주는 생각의 지구력이 있어서 응용력을 발휘할 수 있다.

잡념에 지배될 때

공부를 힘들게 하는 것은 다름 아닌 잡념이다. 잡념은 의지와 상관없이 찾아와 생각의 중심을 무너뜨려 논리적인 생각을 할 수 없게 한다. 잡념은 마치 가랑비에 옷이 젖듯이 은근히 찾아와 생각의 흐름과 뒤섞여 흐름을 방해하는 듯, 안 하는 듯하면서 흐름을 방해하고 방향을 잃게 한다. 그래서 잡념을 물리치고 집중해 보려고 애를 써 보지만 오히려 생각이 지쳐 결국 잡념에 지배된다. 이후로는 공부를 한다고 해도 공부 같지 않아 내용을 이해할 수 없었거나, 기억할 수 없거나, 내용 전체를 논리적으로 파악하지 못하게 된다.

그렇다면, 어떤 이들이 잡념에 쉽게 지배될까?

사람은 누구나 인내, 끈기, 집요함, 집중력과 같은 학습에 필요한 잠재된 힘을 가지고 있다. 이들의 힘을 어떤 환경에서 어떻게 발굴하여 어떤 방식으로 생각하고 활용하느냐에 따라 다르게 나타난다.

특히, 궁금한 것에 대해 '알아야겠다.'는 의지의 정신과 대응하는 생각습관에 있다.

- 집요하고 끈기 있게 생각해야 할 것을 귀찮고, 싫다고 미루거나 피하는 이.
- 주어진 일을 대충 대충하고 끝마무리를 잘하지도 않으면서 다 했다고 착각을 하는 이.
- 이것저것 끌어들여 생각하면서 빈둥거리는 이.
- 이런저런 이유를 들어 공부를 해야 한다고 자신을 독려하면서도 실행은 하지 않는 이.

이들은 잡념이 찾아오면 맥없이 무너지고 지배된다. 의지를 앞세워 '집중해야 돼.'라고 갖은 애를 써 보지만 의지는 잡념에 지배된 생각을 벗어날 수 없다.

도대체 잡념은 어느 틈을 놓치지 않고 파고들까?

- 배경지식이 부족하거나 부실하여 생각이 접근방향을 찾지 못하고 주춤거릴 때.
- 생각이 흐름이 느슨해지거나 약해질 때.
- 의지의 정신이 흐트러질 때.
- 잡념의 주된 원인이 되는 주변 환경과 관련된 잠재의식이 깨어날 때 여지없이 찾아온다.

성실의지의 감정에 지배될 때

　성공한 이들의 공통적인 특징은 의지가 강하고 열정적이고 열정이 지속적이다. 이들은 성공하는 데 무엇보다 중요한 정신적 자산이다. 의지는 생각의 방향과 흐름을 만들고 행위를 하게 한다. 의지가 강할수록 생각의 방향이 뚜렷하고 흐름도 강하다. 그에 따른 관성의 힘도 강하여 열정적인 행동을 지속하게 하고 의지를 에스컬레이터 시킨다. 다시 말해, '뜻이 있는 곳에 길이 있다.'는 말이 딱 어울린다.

　성실과 열정을 바탕으로 한 의지는 하고자 하는 일을 열심히 하도록 한다. 공부를 하는 학습자에게는 공부를 열심히 하여 지식을 쌓도록 한다. 그래서 그 지식은 생각의 힘을 만들고 집중력과 집요함의 기반이 되어 준다.

　하지만 공부하는 사람이 의지와 열정을 지나치게 앞세우면 논리적인 생각을 만들어 내는 공부보다 공부량에 종속되어 오히려 잡념을 불러들이는 꼴이 된다. 알기 위한 공부를 하기보다 얼마나 많은 양을 공부하였느냐에 생각의 중심을 두는 공부가 되기 때문이다. 그러면 부실하고 부정확한 지식이 되어 논리적인 생각의 힘을 발휘할 수 없고 그에 따라 집중력 있는 공부를 하지 못하는 결과를 낳는다. 그러니까 무엇보다 먼저 자신의 학습능력과 학습습관을 분석한 후 그에 맞는 학습 계획을 세워 실천할 수 있도록 하여야 한다. 예컨대, 잡념의 정도에 따라 개념적 지식을 공부한 후 문제 풀이를 할 것인지 아니면 문제 풀이를 하면서 지식을 쌓을 것인지, 부족한 과목에 따라 그 과목을 집중적으로 공부를 하여 부족한 부분을 채울 것인지, 생각의 힘에 따라 학습량과 시간은 어느 정도로 할 것인지를 생각하여 계획을 세우고 실천해야 한다.

우리 대부분은 어떻게 공부하는 것이 열심히 하는 것인지도 모른 채 막연하게 '열심히 해야 한다.'는 말에 매몰되어 뭔가를 이룰 것처럼 서두르고 부산을 떤다. 하지만 실상은 의지와 열정이라는 감정에 종속되는 것에 지나지 않는다. 열심히 공부를 한다는 것은 자신의 학습능력과 학습습관에 맞게 학습계획을 세우고, 알기 위한 공부를 하기 위해 주어진 시간에 최선을 다하는 것을 말한다.

의욕을 앞세운 학습계획에 매몰되어 공부했을 때를 생각해 보라. 알기 위한 공부보다 계획을 이행하려는 쪽으로 생각의 중심이 치우쳐 있었다는 것을 깨달을 것이다. 시간에 쫓기고 학습량이 부담되어 집중할 수 없어 논리적인 사고를 바탕으로 한 지식다운 지식을 만들지 못한다. 그런 지식은 지식으로서 역할을 못하는 것도 당연하다. 기억에서도 쉽게 사라지고 없다.

하루 종일 책상에 앉아 공부하는 것 같지만 얻은 지식이 없는 것 같아 왠지 머릿속이 텅 빈 느낌을 벗어나지 못한다. 이런 식의 공부는 오히려 자존감을 떨어뜨린다. 왜냐하면 나름 공부를 열심히 했다고 생각하는데 결과가 좋지 않아서 정신적으로 받는 스트레스가 크기 때문이다.

많은 사람들이 과한 것은 모자람보다 못하다는 '과유불급'을 부르짖는 것처럼 지나친 의지와 열정이 만들어 낸 의욕으로 자신의 능력을 객관적이고 이성적인 판단을 하지 못하고 감정적으로 치우쳐 판단을 하게 된다. 그렇게 되면 학습계획을 세워도 막연하게 세우고, 그에 따른 공부는 부실하고 부정확한 지식을 만들어 논리적인 사고에 영향을 미친다. 그러니까 의지가 열정을 만들고 열정이 알기 위한 공부를 하도록 하고 싶다면 자신의 학습능력과 학습습관에 맞는 학습계획을 세워 잊지 않는 공부를 하고, 알고 있는 지식을 적극적으로 활용하여 확장성을 갖도록 하여야 한다. 그리고 어떤 평가든 평가를 반드시 하면서 자신의 공부 상태를 수시로 되돌아보고 경계심을 유지하여야 한다.

PART 2

공부의 최대의 적 잡념

집중하려는 순간에만 찾아올까?

공부의 최고의 방해꾼은 잡념이다. 맞다. 잡념은 집중이 조금만 흐트러지거나 논리적인 생각의 흐름이 조금이라도 방해를 받으면 이 틈을 놓치지 않고 여지없이 파고든다. 한 번 생각 속으로 파고들면 상황이 바뀌지 않는 한 나가지 않고 꼬리에 꼬리를 물고 가지가지 끌어들여 머릿속을 헤집고 다닌다. 떨쳐 버리려고 몸부림쳐도 떨칠 수가 없다. 그러면 그럴수록 오히려 머릿속을 헤집고 다니면서 생각의 중심을 무너뜨리는 것은 물론 생각까지 지치게 한다. 남아 있는 집중을 일으켜 이어가 보려고 책에서 눈을 떼지 않고 안간힘을 써본다. 고개를 좌우로 흔들어 보기도 하고, 살을 꼬집어 보고, 이러면 안 된다고 마음속으로 외쳐 보기도 하지만 아무런 소용이 없다. 잡념은 마치 잡초 같아서 순식간에 곡식이 있는 자리를 차지하듯 생각 속으로 들어와 공부 내용과 뒤섞이면 짧은 시간에 생각을 지배하여 공부하고 있는 내용은 물론 조금 전에 공부한 내용까지 알 수 없게 한다. 정말로 잡념은 공부를 못 하게 하는 최대의 적이다. 공부가 어려워서 힘든 것이 아니라 잡념 때문에 집중할 수가 없어서 힘들다. 그렇다고 생각을 들여다볼 수 없어서 공부가 어려운 이유를 잡념 때문만이라고 단정 지어 말할 수는 없다. 단지 겉으로 드러난 말과 행동을 듣거나 보고, 시험 결과의 성적을 보고 공부 방법이 좋지 않아서, 공부가 적성에 맞지 않아서, 머리가 좋지 않아서라고 말하는 잘못을 범한다. 그런데 더 큰 문제는 그런 잘못된 판단임에도 불구하고 사실로 받아들인다는 것이다.

그럼에도 불구하고 우리는 공부를 해야 하기에 잡념을 떨쳐 내기에 가진 노력을 다한다. 어찌 잡념이 없는 사람이 있겠는가? 누구나 잡념은 다 있다. 단지, 그 상황을 어떻게 대처하느냐. 어떤 이들은 대충 처리하고, 임시방편으로 처리하고, 미루거나 피하는 방식으로 처리하고, 우물쭈물 미온적으로 대처한다. 반면에 어떤 이들은 확고한 목표의식 속에서 적극적 의지와 집요함을 발휘하여 대차한다. 이런 것들은 성격과 결부되어 암기 위주로 공부하는 학습습관이 만들어지거나, 이해 위주로 공부하는 학습습관이 만들어진다.

도대체 잡념이 뭐길래?

잡념(雜念)의 사전적 의미는 '여러 가지 쓸데없는 생각, 불도(佛道)를 하는 데 수행을 방해하는 여러 가지 못된 생각'이다. 의미가 말해 주듯 생각의 중심과 흐름의 방향도 없는 의미 없는 잡다한 생각들이다. 한마디로 말하면 사소하고, 귀찮고, 의미도 없고, 누더기 같고 결론도 없는 쓸데없는 생각들이라는 뜻이다. 하지만 잡념은 쓸데없는 생각으로 끝나는 것이 아니고 집중하고 있는 생각과 뒤엉켜 생각의 중심을 무너뜨리고 방향을 잃게 하여 논리적인 생각의 흐름을 방해하는 것이 문제다.

우리의 생각이라는 것은 집중하면 하나의 방향으로 흐르면서 나아갈 수 있지만 집중이 무너지거나, 집중할 필요가 없을 때는 여러 가지 이런저런 생각 뒤섞여 경계선 없이 들락거리면서 서로 영향을 주고받는다. 그래서 잡념만 따로 떼어내어 떨치고 흐트러진 생각의 중심과 방향을 바로 잡아 집중할 수는 없다. 또, 잡념을 생각의 중심에서 떼어내려고 하면 할수록 오히려 더 끌고 들어와 생각의 흐름을 더 강하게 방해하는 것이 잡념이다. 이들로부터 벗어나려고 씨름하다 보면 시간은 훌쩍 지나가 있고, 생각은 생각대로 지쳐 짜증까지 밀려온다. 이런 자신을 가끔 생각해 보면 부끄럽고 한심스럽기까지 하는 생각이 든다. 예컨대, 생활 속에서 자신의 주변에 늘 일어나고 있는 사소하고 하찮은 일들을 가지고 분석하고 그에 따라 말도 안 되는 허무맹랑한 소설을 쓰면서 계속 반복하고 있으니 말이다. 이보다 더 큰 문제는 잡념을 끌어들여 요모조모로 생각하는 습관이 형성되면 쉽게 개선이 될 수 없다는 것이고, 잡념이 뒤엉킨 상태로 공부하였으면서도 공부를 열심히 했다는 착각을 한다는 것이다.

잡념은 도대체 어떻게 생기는 것일까?

사람은 누구나 주변 환경 속에 놓이게 되고 그 들과 필연적이고 자연스럽게 관계를 맺고 살아갈 수밖에 없다. 그들과 맺고 있는 관계가 의미가 있는 관계든 의미가 없는 관계든, 나쁜 관계든 좋은 관계든, 대등관계든 종속관계든 어떤 식으로든지 관계를 맺고 있다. 그리고 그들과 관계를 유지 지속하기 위해 서로서로 영향을 주고받는다. 그것이 의식적이든 무의식적이든 기억되어 기억의 한 공간을 차지한다.

무의식은 평소에 잠재의식으로 있다가 유사한 상황을 접하면 그동안 반응과 대응을 지속 반복하면서 축적된 무의식까지 일깨워 이전에 맺은 관계 때보다 더 넓고 강하게 반응하여 말과 행동에 영향을 준다. 물론, 같은 환경에서도 반응 정도는 주변과의 관계가 어떤 관계이고, 상호작용을 어떻게 하고, 어떻게 반응을 하고, 어떻게 대응하느냐는 개개인의 성품에 따라 다르다.

① 별 의미가 없는 것으로 생각하고 개의치 않는 성향.
② 관심은 보이지만 관계에 크게 휘둘리지 않는 성향.
③ 민감하게 반응을 하여 의미를 부여하고 자신과 연계를 시켜 이 생각 저 생각을 끌어들여 생각하는 성향.

반응과 대응의 차이는 주변과 관계의 차이를 만들고, 생각의 차이를 만들고, 그에 따라 잡념의 차이를 만든다. 특히, ③은 민감하게 반응하면서 일깨워진 무의식에 자신의 자기중심적 생각까지 끌어들여 때로는 확대재생산하기도 하고, 축소하는 것을 습관처럼 한다. 다시 말해, 그 상황에 대해 객관적으로, 자기중심적으로, 올바르게, 또는 삐뚤어지게, … 등 넘나들면서 자기중심적으로 자신과의 대화를 끝없이 하고, 가지가지로 분석을 한다. 분석의 결과는 아무런 의미도 없지만 거의 대부분 부정적인 것으로 마무리하면서 그 상황에 종속된다. 그래서 잡념이 많아 공부하는 데 많은 어려움을 겪는다.

시간이 흐르고 반응과 대응을 반복하면서 부정적인 생각들은 자신의 불안한 장래, 시기, 질투 그리고 주변과 얽힌 갈등 등이 함께 뒤섞이고 확대 재생산되어 근심 걱정으로 변질되기도 한다. 근심 걱정들은 잡념들 중에서도 가장 강하게 생각의 흐름을 방해한다. 이런 것을 경험하여 알고 있는 선배, 선생님, 부모님들이 귀가 닳도록 들려주는 말이 "사소한 것에 신경 쓰지 말고 공부에 집중하여라. 생각을 전환하여라. 필요 없는 것은 잊어버려라."이다. 말은 쉽지만 생각 속에서 근심 걱정을 떨쳐내는 것은 결코 쉽지 않다.

속담에 '녹은 쇠를 먹고 근심은 뼈를 먹는다.'는 말처럼 근심 걱정은 모든 종류의 정신활동에 해로운 영향을 준다. 어떤 면에서 보면 일어난 사건에 대한 반응에 따른 예상되는 것에 대한 논리적이지도 체계적이지도 못한 이런저런 누더기 같은 생각을 끌어와 지나칠 정도로 분석적인 정신적인 준비일 수도 있다. ③과 같은 성품의 소유자에게 강하게 나타난다.

사람의 뇌의 작용이란 감각, 사고 등이 여러 가지 형태로 외부의 세계를 적극적으로 반영하여 작용하는 것으로 분리 작용하지 못한다는 것이다. 그래서 생각이라는 것은 말처럼 잊어야 할 것은 잊어버리고, 버릴 것은 버리듯이 분리하여 따로 떼어내어 마음대로 할 수 있는 물건과 같은 것이 아니다. 마치 겨울이 지나고 봄이 오면 겨울옷은 장롱에 넣어 두고 봄옷을 꺼내어 입듯이 정리하여 넣어 두고 나중에 겨울이 오면 다시 꺼내어 입듯이 할 수 있는 옷과 같은 것이 아니지 않는가?

사람의 생각이라는 것은 버리고 싶다고 하여 버릴 수 있는 것도 아니고, 잊어버리고 싶다고 하여 맘대로 잊을 수 있는 것도 아니다. 기억의 공간에 잠재의식으로 있다가 유사한 상황이 발생하여 영향을 받으면 깨어나 자신과 관련시켜 다각도로 생각을 거듭하게 마련이라는 것이다. 그렇게 되면 계절에 맞는 옷만 입고 있어야 하는데 마치 동시에 여러 계절의 옷을 입고 있는 것과 같아 계절에 맞는 옷의 의미는 사라지고 불편함과 짜증만 밀려온다.

그러니까 "공부에 방해되는 잡념은 다 잊어버리고 공부에 매진하여라."라는 말은 쉽고 맞는 말처럼 들리나 결코 쉬운 일은 아니다. 생각해 보라. 아무런 의미 없는 잡념은 의지와는 상관없이 시도 때도 없이 찾아와서 잠시 잠깐 있다 가는가? 그렇지 않다. 그래서 의지를 앞세워 물리쳐서 잊어 보려고 애를 쓰지만 더 강하게 달라붙는 느낌을 줘 짜증이 난다. 어쩌면 지금 이 시간에도 의지는 잡념을 물리치기 위해 몸부림치고 있을 것이다. 마음먹은 대로 생각의 중심에서 잡념을 떼어내어 떨칠 수 있다면 '집중'이라는 단어가 존재하지 않았을 수도 있겠다는 생각까지 해 본다. 안타깝게도 공부는 집중력이 바탕으로 받쳐 줄 때만이 논리적인 사고를 할 수 있는 학습활동이라는 것이다. 참으로, 잡념은 공부를 내 맘 같지 않게 만드는 주범이다.

잡념도 생각이다. 의지대로 잡념을 떨칠 수 없다. 의지는 생각을 결코 이길 수 없다. 생각해 보라. '오늘은 공부가 싫다.'는 생각이 머릿속을 스치기만 해도 책을 펴고 보려 하지만 머릿속으로 책 내용이 들어오지를 않는다. 특히, 수학 문제를 풀 때 '모르겠다.'는 생각이 들면 끝까지 풀어 보자고 의지를 부추겨 보지만 생각을 더 이상 진행시키지 못하고 그만둔다. 긴 집중을 필요로 하는 독서는 더더욱 그렇다.

잡념 중에서 가장 많이 차지하는 잡념.

가족의 구성원들 간에는 사랑, 배려, 믿음, 의지 등을 기반으로 구성되어 있다. 하지만 생활을 하다 보면 불쾌한 일들을 겪게 마련이고, 이로 말미암아 마찰이 생긴다. 그 틈 사이로 시기, 질투, 트집, 강요 등이 끼어들어 갈등이 생긴다. 갈등으로 인한 다툼은 종종 발생하고 시간이 지남으로써 그중 적은 것이지만 일부는 표출되고 나머지 대부분은 무의식으로 되어 있다가 유사한 상황의 영향을 받으면 반응을 한다. 가족들 간에는 유사한 상황이 다른 것들보다 빈번하게 발생하기 때문에 다른 반응보다 더 민감하게 반응을 하여 강한 잡념으로 다가온다.

또 다른 한편으로 학교생활에서 오는 잡념들이다. 학년이 올라갈수록 하루의 대부분을 학교에서 보낸다. 학교에서 대부분의 시간을 지내다 보면 크고 작은 사건, 사소하고 하찮은 사건들에 대한 것들이 집중하여 공부하고 있는 사이로 틈틈이 밀려와 머릿속을 헤집고 다니면서 집중을 방해하여 생각의 흐름을 바꾸어 놓는다. 그렇다면 어떤 성향을 가지고 있는 사람이 아무런 의미 없는 잡다한 생각에 민감하게 반응을 할까?

- 자신과 대화를 많이 하는 사람.
- 실행하고자 하나 이런저런 합리화를 찾아 행동으로 옮기지 못하는 사람.
- 꿈은 큰데 꿈을 이루기 위한 배경지식이 부족한 사람.
- 소심하여 사소한 것에도 자신과 결부시켜 과민하게 반응하는 사람.

의지와 상관없이 끊임없이 밀려오는 잡념을
어떻게 줄일 수 있을까?

1. 잡념을 메모한다

시도 때도 없이 찾아와 머릿속을 헤집고 다니면서 집중을 방해하는 잡다한 생각들을 자세하고 꼼꼼하게 1주에서 2주 정도를 메모하여 살펴보아라. 그러면 어떤 잡념으로 어떻게 생각하면서 공부를 방해하는지 알 수 있다. 그뿐만 아니라 자신의 생각의 흐름을 알 수 있는 것은 물론 그 흐름이 말과 행동에 어떻게 영향을 주는가도 알 수 있다. 아마도 특별한 일이 있는 날을 제외하고 거의 같은 잡념으로 틀에 박히듯이 되풀이하여 생각하고 있다는 것을 깨닫기도 할 것이다. 그럼에도 불구하고 우리는 새로운 것을 생각을 하고 있는 것처럼 착각을 한다. 그것은 잠재된 많은 유사한 무의식 가운데 어제 한 것과 다른 무의식이 개입되고, 거기에 어제와 다른 자신의 감정적이고 주관적인 생각이 개입되기 때문이다.

어떻든 메모한 내용을 살펴보면 의미 없고 해결책도 없는 잡다한 것들을 반복 생각하면서 소중한 시간을 낭비하고 있다는 것에 자신이 한

심스럽게 느껴질 것이다. 그리고 잡념이 뒤섞인 상태에서 한 공부가 어떤 상태인지 확인해 보지 않아도 비디오라는 것도 깨달을 것이다. 생각해 보라. 이런 지식은 논리적인 생각을 바탕으로 이해를 하여 얻은 것이 아니기 때문에 지식들 간에 연관성이 강하게 작용할 리가 없지 않는가? 그래서 기억 속에서 쉽게 사라질 것이고, 있다고 하더라도 부실하고 부정확하여 관련된 내용에 동원되지 못해 지식으로서 역할를 하지 못할 것이다.

그러니까 잡념이 끼어들어 집중을 무너뜨리려고 하면 '또 같은 것으로 집중을 무너뜨리지 않겠다. 잡념이 섞인 공부는 지식으로 역할을 할 수 없고 단지 시간만 낭비할 뿐이다.'라고 마음속으로 심장이 터지도록 몇 번이고 외치면서 잡념 때문에 짜증스런 상황을 벗어나라. 물론, 일시적일 수 있다. 하지만 공부를 대하는 마음의 자세는 엄청 다르다. 그렇다면 일시적이 되지 않도록 해야 한다. 무엇보다 먼저 이루고 싶은 확실한 목표를 정하여 그 방향으로 생각의 흐름이 흐르도록 하여야 한다. 그리고 그 방향을 향한 확실하고 정확한 배경지식을 만들고, 그 지식을 적극적으로 활용하려는 의지에서 나오는 생각의 힘을 키워라. 그러면 자연스럽게 논리적인 사고의 흐름 사이로 잡념이 끼어들 틈이 없을 것이다. 잡념의 유일한 천적은 확고한 목표의식과 확실하고 정확한 배경지식을 바탕으로 나오는 논리적인 사고뿐이다. 당장 실행해 보라. 반드시 잡념을 물리치고 집중하여 꿈을 이룰 수 있을 것이다.

2. 직접 해결할 수 있는 것과 없는 것을 구분한다

메모한 것들을 구분해서 정리하면 대부분은 시간이 지나면 자연스럽게 해결되는 것들이거나, 어느 순간 생각 속에서 사라지는 하찮고 의미 없는 것들이다. 그럼에도 불구하고 생각하는 그 순간은 꼬리에 꼬리를 물어 심각하게 생각한다. 문제는 습관적으로 한다는 것이다. 물론, 그 중에는 상황을 정리해야 하거나 대처해야 할 것들도 있다. 이럴 땐, 공부하기 전에 당장 해결해야 할 것, 공부한 후에 해야 할 것, 어느 때 하여도 괜찮을 것을 구분하여 처리하는 것이 좋다.

당장 해야 할 것이라고 판단이 되면 미적거리지 말고 신속하고 깔끔하게 하여야 한다. 그렇지 않고 미적거리면 해야 할 일이 머릿속을 헤집고 다니면서 집중을 방해한다. 미적거리다 결국에 마지못해 처리한다. 미적거리면서 시간을 낭비했다는 생각이 짜증을 불러오기도 한다. 미적거리지 않고 신속하게 마무리했다면 할 필요도 없는 불필요한 짜증이 집중을 방해한다. 그러니까 신속하고 깔끔하게 처리하여 잡념이 생길 만한 것들을 없애는 것이 좋다.

이런 경우는 생각습관 때문이다. 해야 할 일을 마주하면 미루거나 피하는 생각습관에서 비롯된다. 자동적으로 생각습관이 생각 속으로 파고들어 우리의 태도와 행동을 간섭하여 실행하려는 의지를 약하게 만든다.

공부한 후에 처리하겠다고 한 것들이라 할지라도 자꾸 떠올라 생각의 흐름을 방해하면 공부하기 전에 처리하는 것이 좋다.

어느 때 해도 상관없다고 한 일도 가능하면 여유 있는 시간에 처리하는 것이 좋다. 그렇지 않고 미루다 보면 계속 미루게 되고 그러면서 처음 생각과는 다르게 잡념으로 변질되어 생각의 흐름을 방해하게 된다.

3. 부실하고 부정확한 지식을 만들지 않는다

공부를 하는 중간에 잡념을 불러들여 집중을 무너지게 하는 주된 원인 중에 하나는 부실하고 부정확한 지식이다. 이들은 관련된 내용에 적용 된다하더라도 정확하지 않아 논리적인 생각의 흐름을 만들지 못한다. 오히려 생각의 흐름을 방해함으로써 내용이 요구하는 방향과 다른 방향으로 흐르도록 한다. 이 틈을 놓치지 않고 '어려워서 이해할 수 없다. 어떻게 접근해야 하지?'와 같은 내용과 아무런 관련이 없는 생각이 밀려와 집중을 무너뜨린다. 의지와 상관없이 파고든 잡념은 다시 접근해 보려는 의지를 꺾어 더 이상 접근할 생각을 못 하게 한다. 그러면 집중을 끌어올려 확실하고 정확한 지식을 만든 다음 다시 접근을 해야 하는데 그냥 그 상태에서 접근을 한다고 하다가 포기한다. 그러니 어찌 부실하고 부정확한 지식을 만드는 악순환이 되지 않겠는가? 이들이 악순환의 고리를 끊지 못하는 이유 두 가지 있다. 하나는 이루고 싶은 꿈이 확고하지 못해 그 꿈을 이루고자 하는 열정이 약해 알기 위한 공부를 하지 않고 미루거나 피하는 학습습관 때문이다. 그런 만큼 적극적 의지로 알기 위한 공부를 하려는 생각이 제한을 받아 파고드는 잡념을 극복하지 못한다. 그래서 논리적인 생각의 흐름이 방해를 조금만 받아도 쉽게 포기함으로써 정확하고 확실한 지식을 만들지 못한다. 또 다른 하나는 공부를 하는 그 순간에는 확실하게 자신의 것으로 만들었다고 착각을 하고 복습을 하지 않는다. 복습을 하지 않고 시간이 흐르면 기억이 희미해져 부실하고 부정확한 지식이 된다는 사실을 경험적으로 알고 있으면서도 잘하지 않는다는 것이다.

그러니까 목표의식을 갖고, 자신의 능력에 맞는 복습의 횟수와 타이밍을 정하고 실행하여 부실하고 부정확한 지식을 만들지 않아야 한다. 그리고 만약에 대충대충 하고 넘기는 학습습관이나 복습을 하지 않고 미루는 습관을 가지고 있다면 수시로 학습상태를 되돌아보면서 개선을 해야 한다. 그렇지 않으면 부실하고 부정확한 지식으로 인한 잡념을 불러들여 집중할 수 없어 실력향상은 생각조차 할 수 없을 것이다.

생각해 보라.

· 잡념을 끌어들인 상태에서 공부를 하였는지?
· 학습한 내용을 확실하고 정확한 지식을 만들기 위해 확인복습을 얼마나 하였는지?
· 내용이 쉽다고 생각한 것은 대충대충 훑어보는 정도로 하였으면서도 다 알고 있다고 착각하지 않았는지?
· 복잡하고 귀찮다는 판단이 되는 내용이나 문제는 접근하기 싫어 해설을 참고하는 수준에서 마무리를 하였는지? 아니면 접근하기 싫어서라기보다 솔직히 모르는데 귀찮다는 구실을 찾아 포기를 하였는지?
· 생각하는 과정에서 생각의 흐름이 방해를 조금이라도 받으면 가슴

이 답답해지고 머릿속이 마치 안개 속에 갇혀 있는 것과 같아 스트레스를 받기 때문에 미리 피하거나 뒤로 미루지는 않았는지?

· 나쁜 학습습관은 생각의 지구력을 약하게 만들고, 약한 생각의 지구력은 지식을 부실하고 부정확하게 만드는 악순환을 한다는 사실을 알고 있는지?

· 정확하고 확실한 지식은 논리적인 생각을 할 수 있게 하여 잡념을 끼어들 수 있는 틈을 주지 않는 사실을 알고 있는지?

4. 동기부여를 지나치게 하지 않는다

누구나 힘들다고 생각하는 공부를 열심히 하는 이유를 물으면 원론적인 답변으로 '열심히 쌓은 배경지식을 토대로 힘을 발휘해서 응용력과 창의적인 생각을 할 수 있도록 뇌를 개발하는 것이다.'라고 말은 하지만 궁극적인 목적은 꿈꾸고 있는 꿈을 이루기 위해서다.

그 꿈을 이루기 위해 계획을 세우고 세운 계획을 실행하기 위해 고군분투한다. 하지만 공부라는 것이 의도대로 실행이 되는 것이 아니다. 공부를 하다 보면 잘되는 때보다 지겹거나, 왠지 하기가 싫거나, 짜증나거나, 귀찮을 때가 더 많다. 이럴 때 우리는 꿈을 이루었을 때 자신의 모습을 상상하며 공부를 해야 하는 당위성을 부여하면서 이런 것들을 극복하려고 애를 쓴다. 문제는 같은 생각으로 여러 번 동기부여를 하다 보면 약발이 떨어져 실행의지를 갖도록 하는 것보다 부담으로 작용하게 만들기도 한다.

꿈에 대한 상상만으로 약발이 먹히지 않아 꿈을 이루었을 때 할 수 있는 갖가지 것들을 끌어들여 생각한다. 지금의 이런 고생쯤은 얼마든지 참아낼 수 있고 참아야 한다고 스스로를 다독이며 실행의지를 불태운다. 그런데 어느 틈엔가 동기부여에 종속되어 논리적인 사고로 공부하기보다는 학습량과 시간에 생각의 중심을 두고 공부를 하고 있다. 결과적으로 학습량과 시간에 쫓겨 논리적인 생각으로 이해를 하여 자신의 지식으로 만들지 못하고 '우선 먹기는 곶감이 달다.'가 의미하듯 나중에 오히려 해가 되는 것은 모르고 임시방편으로 암기를 하여 부실한 지식이 부실한 지식을 만드는 악순환을 초래한다.

부실한 지식은 기억 방에서 쉽게 사라지게 되고, 남아 있는 것들도 논리적인 연결고리가 약해 지식으로서 제 역할을 못 한다. 지식이 지식답지 못하면 오히려 자신감을 쪼그라들게 하고 그에 비례하여 이루고자 하는 꿈도 쪼그라들게 된다.

의사가 되겠다고 나름 공부를 열심히 한 학생이 있다.

손에는 늘 메모장이 들려 있고 종종 메모장을 넘기면서 무엇인가를 열심히 암기하는 것이 눈에 띄었다. 그리고 그에 말에 의하면 토요일 일요일에는 대부분 도서관에 가서 공부를 한다고 하였다. 그런데 학습량과 시간에 비하면 학교 성적이 생각만큼 좋지 않아서 학습습관과 목표의식이 궁금하였다. 그 이유가 궁금하던 차에 물어볼 기회를 갖게 되어서 '의사가 되고자 하는 목적이 무엇이냐?'고 물었더니 답은 예상을 벗어나지 않았다. "돈을 많이 벌 수 있고, 전문직이라서 직업에 대한 걱정이 없어서입니다."였다. 의사가 되는 것이 목적이라기보다는 돈과 걱정 없는 직업이 우선이 되는 일명 주객이 전도되는 목표의식으로 공부를 하고 있는 것이었다. '그렇다면 돈의 욕심을 낮추고 다른 직업을 가져도 된다고 생각을 하면 의사라는 목표가 바뀌게 되는 결과가 될 수 있지 않겠네?'라고 물었더니 그럴 수도 있다고 답을 하였다.

우리가 꿈을 정할 때는 자신이 무엇을 원하는지, 그 직업을 위해서 어떤 역할을 해야 하는지, 역할을 하기 위해서 그에 따른 행위를 어떻게 할 것인지 또는 자질을 가졌는지 생각을 하고 정하는 것이 옳다고 생각을 한다. 그렇지 않고 단지 부수적인 것인 돈과 직업의 안정성이라는 이유로 꿈을 결정하면 꿈을 이루었을 때의 상상 속에 자신의 모습이 보이지 않을 것이고, 꿈에 대한 생각으로 상상하면 상상할수록 공부를 해야 하는 의지를 부추기는 것들이 이런저런 곁가지를 끌어와 결국 공부를 방해하는 잡념이 되고 말 것이다.

그러니까 동기부여를 꿈을 이루었을 때 따라오는 것에 지나치게 생각을 두면 부담이 되기도 하고, 오히려 때로는 잡념이 되기도 한다. 그렇게 하지 말고, 학습한 것을 확인하는 복습을 계속하여 암기상태에 이르도록 하는 의지에 동기부여를 하여라. 그러면 지식다운 지식에 의한 자신감이 동기부여가 된다. 다시 말해, 지식에 의한 자신감이 최고의 동기부여다.

5. 아무런 의미 없는 것들을 생각하지 않는다

혼자서 거리를 걸을 때, 누구를 기다릴 때, 잠자리에 누어 잠들기 전에, 혼자 있으면서 심심할 때 아무런 의미도 없는 잡다한 것들을 끌어들여 자신과의 대화를 별생각 없이 그냥 한다. 자신과의 대화를 하다

보면 은근히 재미있기도 하고 은근히 시간도 잘 간다. 문제는 자신도 모르는 사이에 쓸데없는 것들을 끌어들여 좋지 못한 생각의 습관을 갖게 된다. 우리 속담에 "가랑비에 옷이 젖는다."는 표현이 딱 어울린다.

예컨대, 학교 수업이 끝나는 시간을 맞춰서 아빠가 데리러 오기로 하였다. 그런데 약속된 시간보다 늦으면 생각이 시작된다. 혹시 오다가 접촉사고 났을까? 아니면 접촉사고보다 더 크게 났을까? 데리러 온다는 약속 시간을 잊으신 것일까? 생각을 하다가 기다리던 아빠 차가 도착하면 언제 그런 생각을 하였냐는 듯이 잡다한 생각들은 없어진다. 정말 아무런 의미 없는 공상소설 같은 생각을 한다. 또, 길을 걸으면서 차가 갑자기 인도로 돌진하여 자신에게 다가오면 어떻게 대처하지? 만약에 지진이 일어나서 땅이 금이 가고 벌어지면 어떻게 대처하지? 등과 같이 다른 사람이 들으면 참으로 어이없을 정도의 생각을 하면서 걷기도 한다.

습관은 관성의 힘을 가지고 있다. 그래서 공부하는 중간중간 공부와는 아무런 관계가 없는 것들이 끼어들어 은근히 집중을 방해한다. 은근히 방해하는 것 같지만 공부에는 치명적이다.

쓸데없는 잡다한 생각들은 중심생각의 흐름이 강하게 흐르면 물러나 있다가 중심생각이 약해지면 그 틈을 타 끼어들어 생각의 흐름을 방해한다. 또, 급하게 해야 할 일이 있을 때나 시험 날짜가 코앞으로 다가와 벼락치기 공부를 해야 할 때는 시간이 없어서 끼어들 틈이 없어서 이들은 끼어들지 못한다. 하지만 바쁜 시간이 소나기처럼 지나가고 잠시라도 시간적인 여유가 있을 때는 그 틈을 이용하여 여지없이 찾아와 학습 내용과 뒤섞여 이해를 부실하게 만든다. 잡념을 물리치기 위해 씨름하다 보면 시간이 없는 관계로 필요하다고 생각된 부분만 암기를 하게 되어 또 부실한 지식을 만든다.

어떤 사람은 쓸데없는 생각을 하면서 시간을 보내지 말고 차라리 유익하게 독서를 하면서 시간을 보내보도록 권할지도 모른다. 말이야 백번 옳다. 그런데 이런 자질구레한 생각으로 시간을 보내는 습관을 가진 학습자는 내용을 이해하고 사건의 전개과정의 흐름을 기억하면서 글을 읽어야 하는 독서활동을 하는 것을 무엇보다 더 힘들어한다. 독서하는 시간처럼 홀로 있는 시간이 주어지면 습관처럼 자질구레한 생각이 찾아와 생각의 흐름을 방해하여 읽은 앞내용을 논리적으로 이해하거나 기억하지 못해 더 이상 글을 읽을 수 없기 때문이다. 이들은 짧은 시간에 강한 집중을 필요로 하는 수학보다 긴 집중력과 이해력을 필요로 하는 언어영역을 더 힘들어한다.

습관의 힘에서 나오는 관성으로 하는 쓸데없이 하는 잡다한 생각의 흐름을 바꾸는 것은 쉬운 일이 아니다. 특히, 생각의 중심을 크게 흔들지 않으면서 생각의 흐름을 방해하는 잡념을 떨친다는 것은 생각보다 훨씬 더 어렵다. 심리학자들의 학설에 따르면 일주일 정도면 생각의 흐름에 변화를 시작한다. 하지만 습관이 되어 있는 이와 같은 잡념은 잠시만 경계를 늦추면 원래대로 되돌아가는 강한 탄성력을 가지고 있다. 그래서 제자리로 되돌아가는 것을 막기 위해서 할 수 있는 것은 암기할 메모장을 가지고 다니면서 잡념을 대체한다. 메모장에 있어야 할 내용으로는 새로운 암기내용으로 정신집중을 많이 필요로 하는 내용이면 오히려 역효과를 가져와 다시 보는 것이 싫어질 수도 있으므로 그 동안 암기하고 있는 것들 중에서 직관적으로 암기하여 할 것을 확인하는 내용을 메모하여 암기를 하여라. 그러면 확실한 배경지식이 쌓이면서 자신감도 얻을 수 있을 것이다. 자신감은 공부의 열정을 만들고 그 열정은 배경지식이 쌓이는 흥미를 갖게 하여 잡념이 끼어들지 못하게 한다.

6. 주변을 단순하게 한다

사람은 누구를 막론하고 주변과 상호작용을 하며 그에 따른 반응을 하고 대응을 하면서 살아가는 환경적인 동물이다. 우리는 어떤 식으로든 주변 환경에 반응을 하지 않을 수 없다. 머릿속을 채우고 있는 이런저런 잡다한 생각의 대부분은 주변 환경과 끊임없이 접하고 상호작용하는 가운데 발생한 것들이다. 그것들 대부분은 의미 없고 하찮은 것들에 불과하다. 그럼에도 불구하고 우리는 이들을 머릿속에서 쉽게 제거하지 못한다. 하물며 어떤 것은 반복적으로 머릿속을 헤집고 다니면서 집중을 무너뜨린다. 그래서 부실한 지식이 되는 것은 물론 그것마저도 기억 속에서 쉽게 사라지게 한다. 잡념은 공부의 최고의 적이다. 그러니까 주변에 의해서 생기는 잡념들을 줄이기 위해 주변을 단순하게 정리하는 것이 좋다.

현재 자신의 위치에서 현실적으로 정리가 가능한 것들과 정리할 수 없는 것들을 구분한 다음 자신에게 맞게 정리하여라. 무엇보다 가장 먼저 정리해야 할 것은 공부와 관련이 없는 잡다한 생각들이다. 정

리된 텅 빈 그 자리는 허전함으로 채워진다. 그래서 그 자리를 목표의
식과 정확하고 확실한 지식으로 채워 정리하기 이전의 잡다한 생각들
이 찾아와도 극복할 수 있어야 한다. 만약에 그렇지 않으면 잠깐이라
도 빈 틈이 있으면 뭔가를 끌어들여 예전처럼 잡념의 늪에 빠져들게 된
다. 우리의 뇌는 하던 것을 계속하려는 성질을 가지고 있고, 거기에 생
각습관에서 나오는 관성의 힘이 더해지기 때문이다.

주변을 단순하게 정리했다고 하여 정신세계까지 깔끔하게 정리될
수는 없다. 잡념은 의지와 상관없이 파고들 만큼 강한 관성의 힘을 가
지고 있기 때문에 그 자리를 지식으로 채우지 않으면 바로 다시 그 자
리를 잡념이 채워져 정리한 의미 없게 될 것이다. 이 점을 반드시 주의
하여야 한다.

7. 주변에 영향을 줄 수 있는 말은 삼간다

무심코 던진 말이라도 일단 입 밖으로 나온 말은 사람의 마음에 파장
을 일으키게 된다. 그 파장은 마음에 상처를 주기도 하고, 감동을 주어
기운을 솟게 하기도 하고, 즐거움을 주어 뱃살을 쥐어 잡고 웃게 하기
도 한다. 말이 담고 있는 의도에 따라 받는 이의 마음에 따라 갖가지 파
장을 일으킨다. 그 파장에 따라 말하는 자신에게도 파장이 미쳐 정신
을 집중할 수가 없어 공부에 방해가 된다.

별생각 없이 한 말이 듣는 상대방의 감정을 상하게 할 수 있는 말이
입 밖으로 나오는 순간 그 순간부터 말을 한 자는 상대방이 어떻게 생
각할까에 대한 고민이 시작될 것이다.

"나를 어떻게 생각할까?"

"나를 원망하지는 않을까?"

"나를 미워하지는 않을까?"

"나를 싫어하지는 않을까?"

"그렇게 생각하지 않겠지?"

"다른 친구들에게 말하지는 않겠지?"

"괜히 그런 말을 했어, 하지 말았어야 했는데."

등과 같은 근심 걱정이 의지와 상관없이 머릿속을 헤집고 다녀 공부에 집중할 수가 없다. 그래서 입 밖으로 말을 한 것을 후회하고 애써 달래 보지만 공부에 집중할 수 없는 것은 매한가지다.

입 밖으로 나온 말이 상대방에 전달되면 상대방은 또 다른 상대방에게로, 상대방은 다시 또 다른 사람에게로 전달되면서 확대되고 재생산되면서 눈덩이처럼 불어나기도 하여 공공연한 비밀이 되어 갈등이 생각보다 오래갈 수도 있다. 우리 속담에 '한 번 뱉은 말은 주워 담을 수 없다.'는 말이 있듯이 상대방은 물론 자신에게도 파장을 일으킬 수 있는 말은 삼갈 수 있는 자제력을 가져야 하고 갖은 연습을 하여야 한다.

상대방에게 즐거움을 주고 위로를 줄 수 있는 말은 괜찮지만 상처를 줄 수 있는 말은 하지 않는 것이 좋다.

자신이 상처받는 말을 상대방으로부터 들었을 때는 참고 이겨 내면 갈등으로 많은 시간을 소비하지는 않을 것이고, 오히려 자극이 되어 공부에 매진할 수 있을 때도 있다.

잡념이 있는 자리를 배경지식으로 채워
논리적인 사고의 흐름이 흐르도록 하여라

잡념을 일으킬 수 있는 주변 환경과 단절하기 위해 주변을 정리하고, 말과 행동을 조심하고, 학습량을 늘리는 것 못지않게 중요한 것이 있다. 하나는 자신의 학습능력에 맞는 계획을 세워 정확하고 확실한 지식으로 그 빈자리를 대체시켜 허전함과 공허함이 접근하지 못하도록 하는 것이다. 다른 하나는 쌓은 지식을 적극적으로 활용하여 논리적으로 생각할 수 있는 생각의 힘을 만들어 자신감을 높임으로써 꿈을 이룰 수 있다는 의지의 소리로 채우는 것이다. 그렇지 않으면 허전함과 공허함을 견디지 못하고 평소에 하던 대로 또 잡다한 생각을 끌어들여 그들로 빈자리를 다시 채우게 된다.

뇌는 하던 대로 하려는 성질을 가지고 있다고 한다. 그래서 배경지식이 부족하여 '어렵다. 모르겠다. 어떻게 하지?'와 같은 생각을 하여 집중이 조금이라도 흐트러지면 평소에 하던 생각습관에서 나오는 잡념은 그 틈을 놓치지 않고 파고든다. 그렇다고 잡념이 있는 부분만을 도려내고 싶다고 해서 도려낼 수 있는 것도 아니고, 생각할 필요가 없는 부분이 있다고 해서 그 부분만을 지우개로 지우듯 지울 수도 없는 것이고, 공부 쪽으로 생각의 흐름을 흐르도록 방향을 바꾸고 싶다고 마음먹은 대로 흐름의 방향을 조정할 수 있는 것도 아니고, 생각을 분리해서 분리 대응할 수 있는 것도 아니다. 그래서 생각을 정리하기 이전으로 되돌아간다.

잡념을 정리한 그 빈자리를 배경지식과 자신감에서 나오는 의지의 소리로 채워지기 전까지는 이런 상황을 시도 때도 없이 마주하게 된다. 당연하다. 그래서 이런 상황을 마주할 때 '어렵다. 모르겠다. 어떻게 하지?'라는 생각을 하기 전에 '어떤 지식이 부족하여 접근하기 어렵지? 그 지식을 어떻게 내 것으로 만들지?'라는 생각을 먼저 하여라. 그러면 알기 위한 공부가 되고 논리적인 생각으로 다시 접근할 수 있다. 그러면서 지식을 차곡차곡 쌓아 가면 잡념이 차지하고 있었던 그 자리가 배경지식으로 대체된다. 비로소 의지의 소리가 잡념을 극복할 수 있다는 것이다.

결론은 지식을 쌓아 집요함과 집중력을 받쳐주는 생각을 힘이 있을 때만이 잡념을 극복할 수 있는 생각의 흐름으로 바뀌었다는 것이다. 어떻든 생각의 흐름과 방향이 바뀌지 않으면 잡념을 떨칠 수 없고, 탄성력이 강한 생각습관은 언제든 잡념을 정리하기 이전으로 되돌아간다.

왜냐하면 주변을 정리하여 생각을 정리한다고 하지만 주변 환경은 그대로 있고, 주변과 상호작용으로 만들어진 잠재의식도 머릿속에 그대로 있고, 잡념에 길들어져 있는 생각의 힘은 약해질 대로 약해져 있어 논리적인 사고를 하기에는 힘들기 때문이다. 생각의 힘도 마치 근육을 단련하면 근력이 생기고, 근육을 사용하지 않으면 근육이 빠지면서 근력이 약해지듯 생각의 지구력인 힘도 마찬가지다. 논리적인 사고를 많이 필요로 하는 복잡하고 난이도 높은 문제나 내용을 많이 접근해서 집요함과 집중력을 많이 사용할수록 그에 비례하여 생각의 힘인 지구력도 그만큼 향상되지만 논리적인 사고와는 거리가 먼 잡념과 함께 하는 시간이 많아지면 생각의 힘도 약해진다.

논리적이고 사고로 생각을 하는 것에 서투르고, 조금만 생각을 깊게 하려고 하면 머릿속이 하얗게 되어 더 이상 생각을 진행시키지 못하고 포기하는 것도 잡념과 보내는 생각습관으로 생각의 힘이 약하기 때문이라는 점을 꼭 인식하기를 바란다.

욕심과 조급함에 지배되지 마라

생각을 넘어설 수 없는 의지를 지나치게 앞세운다면 집중력 있는 공부를 할 수 없다. 예컨대, '공부하기 싫다.'는 생각이 잠깐이라도 머리를 스치기만 하여도 공부를 더 이상 진행시킬 수 없다. 웬 만한 동기부여를 한다고 하여도 공부를 해야 한다는 생각을 만들어 내지 못한다.

반면에 잡념을 줄이는 것은 의지로 할 수 있다. 잡념을 만들어 내는 주변을 정리한다든지, 말과 행동까지 조심하는 것은 얼마든지 의지로 할 수 있다. 문제는 시간이 지나면서 의지가 약해지는 틈을 타 정리하기 이전으로 되돌아가기도 하고, 지식을 쌓는 일에 느슨해지기도 한다. 또는 공부가 좀 된다 싶으면 욕심과 조급함을 불러들인다. 잡념을 정리하고 출발하던 의지는 온데간데없고 예전에 생각의 흐름으로 만들어진 생활습관, 학습습관으로 생각과 행동을 한다.

특히, 그중에서도 그동안 못 한 공부를 한꺼번에 해치우겠다는 조급함이 찾아와 '이렇게 해서 계획한 목표를 언제 다 실행할 수 있을까? 목표하던 성적은 얻을 수 있을까? 꿈꾸던 꿈은 이룰 수 있을까?'라는 생각이 머릿속을 덮쳐 서두르고 허둥대며 공부를 하게 만든다. 그 결과 쌓은 지식들은 지식으로서 역할을 하기에는 부족한 지식이 된다. 이들 지식은 집요함과 집중력을 받쳐 줄 힘이 약해 논리적인 사고를 할 수 없고 오히려 잡념을 불러들인다. 예전 학습습관대로 공부를 한다. 이때 찾아온 생각은 '공부를 열심히 해도 소용이 없다.'는 자신을 비하하는 생각이다. 말도 안 되는 생각이다. 공부를 했다고 할 정도로 하지도 않았지 않는가?

· 잡념을 정리하고 공부를 시작한 지 얼마 되지도 않았는데 많은 날들을 공부한 것처럼 착각을 하고 있지는 않는지?
· 욕심과 조급함에 떠밀려 허둥대며 논리와 이해는 뒷전으로 공부를 하지는 않았는지?
· 열심히 공부하면 마음먹은 대로 할 수 있다는 생각에 과욕을 부려 그동안 못 한 공부를 한꺼번에 해치우겠다는 생각으로 부실하게 하지는 않았는지?
· 예전 습관대로 공부를 하고 있지는 않았는지?

자문해 보라.

시간이 걸려 조금 늦더라도 시간의 주체가 되어 복습을 하고 또 하여 정확하고 확실한 지식을 만들어 논리적으로 생각하고 활용할 수 있는 생각의 힘을 업그레이드하여라. 그러면 시간 타령하면서 욕심과 조급함을 불러들여 허둥대며 만든 지식과는 견줄 수 없을 것이다. 확실하고 정확한 지식을 쌓아 잊지만 않는다면 도착 시간은 더 빠르다. 그렇다면 언제든 시간은 내 편이 아니겠는가?

PART 3

내면의 소리와 의지의 소리

평소의 생각

우리의 생각의 방을 가득 채우고 있는 것들은 살펴보자. 주변에 있는 것들과 관계를 맺고, 이들과 상호작용을 할 때 느끼고, 상상하고, 헤아리고, 분석하고 판단된 것들이다. 관계를 맺고 있는 주변은 별다른 변화가 없다. 이렇게 크게 달라지지 않는 주변을 매일같이 맞이하고 보낸다. 그렇다고 주변 환경과 상호작용이 없는 것은 아니다. 의식적이든 무의식적이든 끊임없이 상호작용을 하면서 영향을 주고 영향을 받는다. 새로운 생각을 하는 것같이 느껴지지만 실제로는 매일같이 하던 생각들 범주에서 크게 벗어나지 않는다. 벗어난다고 하더라도 본질에서 벗어나지 않고 변형된 형태로 같은 생각을 되풀이하면서 살아간다. 이들 가운데 표면으로 드러나는 것은 5%도 되지 않고 거의 대부분 표면으로 드러나지 않고 잠재의식이 된다는 것이다. 잠재의식은 기억 속에서 잊어지거나 사라지는 것이 아니라 잠재의식으로 있다가 유사한 환경을 접하면 유사하게 잠재된 의식이 동시다발적으로 깨어나 생각을 하게 만들고 그 상황이 사라지면 새롭게 접했던 것과 더해져 축적된다. 이들을 분류해 보면 다음과 같다.

① 집에서 있었던 일들.
② 학교생활에서 있었던 일들.
③ 잠깐잠깐 스쳐가는 주변의 것들.
④ 앞으로 하고 싶은 것들이거나 마주해서 대처해야 할 것들.
⑤ 이성 간에 교재에서 생긴 일들.
⑥ 공부한 내용에 대한 것들.
⑦ 특별하게 하는 일 없이 시간을 보낼 때 하는 생각.
⑧ 놀이, 게임, 핸드폰으로 검색했던 것들.

사람은 누구나 생각의 방에 있는 기억들 중 무엇인가를 쉴 새 없이 불러내어 생각을 하고 또 하는 것들이다. 이것이 내면의 소리다. 그것들을 들여다보면 즐겁고 재미있었던 것보다 대부분 귀찮고 짜증스러웠던 것들이거나, 상황을 대처를 잘했던 것보다 미흡하게 했다고 생각되는 것들 이거나, 앞으로 다가올 장래에 대한 불확실하고 불안한 것들이거나, 궁금하거나 해결하지 못했던 것들이다. 돌이켜 생각해 보면 앞으로 이루고 싶은 것이나 대처해야 할 것들을 제외하고 대부분은 하찮고 의미 없는 것들이다. 그럼에도 불구하고 틈만 있으면 같은 것들을 불러내어 생각하면서 생각의 흐름을 만들고, 그 흐름이 강력해지면서 행동을 하게 하고 행동은 생각을 하게 하여 생각의 방향성이 만들어진다. 사람의 몸에 있는 어느 기관인지는 알 수 없지만 그 기관에 의

하여 생각이 흐르는 방향으로 생각을 하고 행동을 하지 않을 수 없도록 한다. 그 결과 그 사람의 습관적인 생각과 행동이 성격 취향으로 나타낸다. 예컨대, 부정적이다. 긍정적이다. 이성적이다. 감정적이다. 논리적이고 집요하다. 집중력이 좋다 좋지 않다. 덜렁거린다. 침착하지 못하고 서두른다와 같은 것들이다.

1. 내면의 소리가 들려주는 생각의 방향과 세기

알고 싶으면 무엇에 대해 생각을 얼마나 자주 하는지 수시로 메모를 하고 그것을 살펴보아라. 그러면 알 수 있다. 생각의 방향과 흐름은 상대방과의 대화든, 자신과의 대화든 대화나 행동 속에 있다. 그래서 대화 내용을 분석하거나, 하고 있는 행동을 자세히 살펴보면 평소에 어떤 생각이 기억의 영역을 많이 차지하고 있는지 알 수 있다. 생각을 많이 할수록 생각의 힘이 커지고 그만큼 생각에 대한 관성의 힘도 크다. 생각하고 있는 것에 대한 대화의 양도 많고 생각의 흐름에 따른 행동 횟수가 늘어나고 적극적이다. 만약에 공부에 대한 생각의 흐름의 세기가 다른 생각의 힘보다 강하면 습관적인 행동처럼 공부를 한다. 그렇지 않으면 생각의 흐름의 세기가 강한 것의 행위를 하게 된다. 한마디로 대화나 행동은 생각의 흐름과 방향에 의해 나타난 생각의 힘의 산물이다.

2. 기억의 공간을 들락거리는 것들

생각의 방을 들락거리는 것들이 매일매일 새로운 것 같지만 꼼꼼하고 자세하게 메모하여 살펴보아라. 그러면 특별한 것을 제외하고는 거의 같은 내용을 가지고 별 의미 없이 틈나는 대로 불러내어 요리조리 뒤적거리며 생각하고 있을 뿐이다. 그러니까 새로울 것도, 결론도 없는 것들을 의지와 상관없이 습관처럼 불러내어 생각하고 있는 것이다. 그럼에도 불구하고 새로운 것을 가지고 생각하고 있는 것처럼 느끼는 것은 잠시 잠깐 스치는 생각이었거나 별생각 없이 하던 것들로 기억하지 못해 새로운 것으로 생각하고 있다고 느껴지기 때문이다.

①에서 ⑤까지는 시간이 지나고, 갈등이 해소되고, 불확실성이 없어지면 언제 그랬냐는 듯이 사라진다.

⑥ 대부분의 학습자들은 계획한 공부 시간이 끝나면 공부로부터의 해방감에 공부와는 전혀 동떨어진 생각과 행위를 하고 싶어 한다. 쉬는 시간까지 공부와 관련된 것을 일부러 불러내어 생각을 하고 싶어 하지는 않는다. 하지만 그들과는 달리 궁금한 것을 알고 싶은 욕구에 공부 시간 쉬는 시간 구분 없이 궁금한 것들을 불러내어 생각을 계속하는 이들도 있다.

어쩌면 우리 대부분은 ⑦에 가깝다. 그들 마음속에서 들려주는 내면의 소리와 공부를 향한 의지의 소리가 크게 부딪히지는 않지만 그렇다고 같은 방향으로 향하고 있지도 않은 어중간한 심리상태 소유자들이라고 할 수 있다. 그들은 쓸데없는 잡다한 생각을 끌어들여 이런저런 생각을 하면서 시간을 보내기도 하지만 공부를 해야 한다는 생각을 마음속에 항상 가지고 있기도 하다. 그러다 보니 잡다한 생각과 공부를 해야 한다는 생각이 뒤섞여 생각을 하게 된다. 그래서 잡념으로 시간을 소비한다는 인식을 하지 못하고 시간을 소비한다. 이런 식으로 생각하는 습관이 형성됨으로써 의지를 앞세워 공부를 한다고 하더라도 집요함과 집중력을 받쳐 주는 생각의 지구력이 약해 잡념을 극복할 수 없어 의도대로 공부를 하지 못한다. 그러니까 생각의 힘이 약해지면 논리적인 이해를 바탕으로 깊게 해야 할 것들은 미루거나 피하게 되어 지식다운 지식이 쌓이지 못해 지식이 부족하거나 아니면 부실하고 부정확해서 공부를 맘처럼 하지 못한다.

문제는 ⑧이다. 게임이나 유튜브는 쉽게 빠져 습관적인 행동으로 이어지고 더 나아가면 의지로 절제하기 어려운 중독에 이르기도 한다. 그 이유로는 논리적인 생각과 집중을 요구하는 공부에 대한 중압감으로부터 벗어나는 탈출구로 심심하거나 쉬는 시간에 접속하던 것이 생각보다 임팩트한 흥미를 주어 또 접속을 하도록 하는 생각의 흐름이 생기기 때문이다. 그래서 접속하는 횟수와 시간이 많아짐에 따라 생각의 흐름과 방향이 다른 어떤 것보다 쉽고 강하게 만들어진다. 처음엔 이들과 관계가 의지로 극복할 수 있는 주도적인 관계였지만 시간이 지남에 따라 차츰 대등관계에서 의지로 극복하기 어려운 종속에 이르게까지 된다. 내면의 소리와 의지의 소리가 가장 크게 부딪쳐 궁부를 힘들게 한다.

3. 내면의 소리와 다른 상황을 마주할 때

그런 상황을 마주하는 순간 마음을 표현해 주는 얼굴 표정부터 달라진다. 한 발짝 더 나아가면 퉁명스런 소리로 짜증을 부리고 급기야는 의견충돌까지 간다. 왜냐하면 서로 다른 생각의 흐름이 마주하여 부딪히면서 나오는 내면의 소리가 밖으로 표출되기 때문이다.

간단한 예를 들어보자. 놀이나 게임이나 운동에 관한 생각의 흐름이 강한 이에게 책상에 앉아 공부하도록 강요하면 책을 펴놓고 앉아 있는 것이 고통이고 짜증일 것이다. 모든 힘에는 관성이 있다. 생각의 힘도 마찬가지다. 짜증을 부리는 것은 놀이나 게임이나 운동에 대한 생각에서 나오는 관성의 힘 때문이다. 반대로, 공부에 대한 생각의 흐름이 강한 이에게 운동이나 게임을 하라고 하면 흥미도 없고, 힘들고 귀찮아서 금방 그만둘 것이다. 그러니까 생각의 흐름에서 나오는 내면의 소리와 방향이 다른 소리가 부딪힐 때 내면의 소리가 크면 클수록 귀찮음, 싫음, 짜증도 클 것이다. 그만큼 생각의 흐름이 깊고 강하다는 것으로 의지의 소리로 그 흐름을 되돌리거나 다른 방향으로 바꾸기란 쉽지 않다, 그렇다 하더라도 자신의 생각의 흐름이 놀이나 게임이나 운동 쪽으로 생각이 강하기 때문에 나타난 반응이라는 것을 깨닫고 자신의 생각과 행위를 되돌아보는 기회로 삼고 개선하도록 하여야 한다.

공부 때문에 고민하는 A군 어머니의 이야기다.

"고등학교 1학년 1학기 기말고사까지는 공부가 힘들다고 투정부리거나 핸드폰을 가지고 보내는 시간이 거의 없이 공부를 열심히 하였다. 그런데 2학기 기말고사가 끝난 이후로 공부 이야기를 하면 '공부가 싫다.'고 짜증을 부리고 그 횟수도 잦아졌다. 그래서 공부로 인한 스트 레스를 받지 않게 되도록 공부에 관한 이야기는 하지 않았다. 그렇지 만 걱정이 되어 어떻게 시간을 보내나 하고 방문을 열어 보면 핸드폰이나 전자기기를 보고 있다가 덮는다. 일정 시간이 지나면 공부를 다시 시작하겠지 했는데 공부는 하지 않고 또, 전자기기로 시간을 보내거나 컴퓨터로 게임을 한다. 이렇게 시간을 보내는 날들이 많아 고민이다. 어떻게 다시 공부할 수 있도록 해야 할지 고민이다."

A군에게 구체적으로 이유를 물어보기로 했다.

"공부를 하지 않고 핸드폰을 보거나 게임을 하면서 시간을 보내는 이유는 무엇이니?"

"공부는 당연히 해야 하는 줄도 알고, 공부를 하고 싶어도 문제와 관련된 지식이 생각이 떠오르지도 않고, 잡다한 생각만 떠올라 정신을 집중할 수 없어 더 짜증이 나고 설상가상으로 1학기 시험도 망치고 나니까 공부하기가 싫어졌습니다."

"핸드폰 보는 것이나 게임을 그만하고 공부 좀 하라고 하면 짜증을 부리니?"

"공부를 하고 싶어도 생각대로 되지 않으니까 집중은 안 되고 그렇다고 딱히 할 것이 있는 것도 없어서 그러는데 하지 말라고 해서 순간에 그랬습니다."

"그러면 배경지식이 있어서 생각대로 되면 공부를 다시 열심히 하겠니?"

"당연히 해하죠."

그렇다. 공부할 때 누구나 겪는 과정이라고 할 수도 있다. 공부가 자신이 원하는 생각의 흐름대로 생각이 흘러가지 않거나 방향이 맞지 않을 때 겪는 과정에서 나타난 갈등이다.

생각의 흐름의 방향과 맞지 않은 다른 방향으로 바꾸려고 하거나 바꾸도록 하면 정신이 스트레스를 받아 나타나는 것이 귀찮음이나 짜증이다.

예컨대, 게임을 하고 있을 때는 게임 쪽으로 생각의 흐름이 흐르고 있다. 그런데 다른 것도 아니고 가장 강한 정신적 에너지를 필요로 하는 공부를 하라는 강요에 대응하여 나오는 반응이 바로 짜증이다. 또, 집중을 필요로 하는 공부는 배경지식이 부족한 상태에서 흐름이 방해를 받거나 막히는 순간 집중이 깨지면서 잡념이 밀려와 짜증이 난다.

4. 어떻게 하면 이들로부터 벗어날 수 있을까?

사람의 생각이란 쉽게 바꿀 수 있는 것이 아니다. 생각의 흐름과 방향을 바꾸는 것은 습관을 바꾸는 것이나 다름없기 때문이다. 이것들을 습관적으로 하는 이들은 게임, 동영상 쪽을 향한 생각의 흐름이 세고 강하다. 그 흐름을 공부 쪽으로 흐르도록 하는 것은 짧은 시간에 결코 쉽지 않다. 그래서 '어떻게 하면 벗어나 공부에 집중할 수 있겠냐?'고 묻는다. '공부를 열심히 하고 싶은 생각은 가지고 있냐?'고 물으면 거의 직관에 가깝게 '공부를 열심히 하고 싶다.'고 말한다. 그런데 막상 공부하려고 책을 펴면 내용이나 문제와 관련된 지식이 없거나 부정확하여 접근할 수 없어 접근 자체가 싫다는 것이다. 그 말은 지식이 차지하고 있어야 할 자리에 게임에 대한 생각, 유튜브 동영상 보고 싶은 생각, 인터넷 감색하고 싶은 생각이 차지하고 있다는 뜻이다. 그렇다. 그들에게 가장 필요한 것은 공부에 대한 천 마디 말보다 지식을 쌓아 공부를 할 수 있다는 생각을 넘어 자신감을 갖게 하는 것이다. 그 생각이야말로 평소에 자리 차지하고 있는 생각을 대체할 수 있는 유일한 방안이다. 그때 그 지식은 확실하고 정확한 지식이어야 하고 잊지 않아야 한다. 물론, 사람은 한 번 했던 생각을 다른 생각으로 완벽하게 대체할 수는 없지만 평소에 지배하고 있던 생각을 공부를 해야 한다는 의지의 소리로 극복할 수 있다면 그것은 대체된 것이나 다름없다. 그러니까 지식을 쌓음으로써 공부를 할 수 있다는 자신감을 갖게 하는 것만큼 중요한 것이 없고, 자신감을 가짐으로써 그동안 공부를 못 한 것에 대한 심적 압박감으로부터 벗어날 수 있다.

그러하기 위해서는 자신에게 맞는 학습계획을 세워 실천하여야 한다. 다만, 주의해야 할 것은 서두르거나 조급해하지 않고 차곡차곡 지식을 쌓아야 한다는 것이다. 그러면 얼마 가지 않아 어느 순간에 자신도 모르는 사이에 실력자가 되어 있다. 만약에 그렇지 않고 학습 진도를 맞추기 위해 서두르거나 조급해하면 오히려 이전보다 '공부가 더 어렵다.'는 생각을 갖게 될 것이고, 그 순간 귀찮음과 짜증이 밀려와 이전의 상태보다 더 멀리 가게 될 것이다.

지식으로 생각의 흐름을 만들고
활용으로 깊고 강하게

"어떻게 하면 공부를 잘할 수 있을까요?"

"노력한 만큼 성적이 오르지 않는 것은 공부 방법을 몰라서일까요?"

"A라는 친구는 나보다 공부를 더 많이 하는 것 같지 않은데도 성적이 나보다 항상 좋은 것은 무엇 때문일까요?"

라는 물음에 대한 답을 한마디로 말하자면 공부의 최고의 방법이자 전략인 공부한 내용을 잊지 않을 때까지 복습을 하고 또 하였냐는 것이다. 공부를 많이 한다는 것도 객관적 기준이 아닌 자기 기준에서 열심히 했다고 생각하고 있는 것은 아닌지 생각도 해 보아야 한다. 그리고 복습할 때 상대방(가르쳐 준 이, 설명한 이)의 경험적 지식(수학에서는 연산 및 연립능력 방법과 접근방식, 기억을 오랫동안 유지하는 방법, 메모를 하고 정리하는 방식, 좋은 생활습관과 학습습관)을 적극적으로 수용하여 자신의 것으로 만들어 업그레이드된 생각의 흐름을 만들었냐는 것이다. 이것 못지않게 중요한 것이 있다. 그것은 바로 고생하여 얻은 지식을 적극적으로 끌어와 적용하고 활용하여 논리적인 생각의 흐름을 얼마나 깊고 강하게 만들었느냐는 것이다.

공부를 열심히 하는데도 성적이 생각만큼 오르지 않거나 내면의 소리와 의지의 소리가 엇박자를 낼 때 의지의 소리로 내면의 소리와 일치하도록 하지 못하는 것은 생활습관, 학습습관, 학습능력, 주변과의 관계에 있다.

· 알기 위한 집요함과 집중력이 어느 정도인지?
· "공부는 양보다 질이다."라는 말이 의미하듯 성실을 바탕으로 한 효율적인 공부를 하는지?
· "구슬이 서 말이라도 꿰어야 보배."라는 말이 의미하듯 알고 있는 지식을 적극적으로 활용을 하는지?
· 주변과 자신과의 관계가 어떤 관계를 갖고 있는지?
· 학습계획을 성실하게 실천하고 있는가?
· 부족한 지식을 채우기 위해 적극적인 학습활동을 하고 있는가?
· 어떤 상황이 발생하였을 때 여러 상황들 중 어떤 상황에 우선순위를 공부보다 다른 것에 두는가?
· 문제를 향한 집요함과 집중의 정도는?
· 논리적인 이해를 하려는데 생각의 중심을 두는지? 아니면 임시방편인 암기를 위한 벼락치기 공부에 생각의 중심을 두는지?
· 꿈을 이루기 위한 열정과 그 열정에 대한 지속의 정도는 어느 정도인지?

이들을 기준으로 먼저 자신을 냉정하고 객관적으로 분석한 것을 구체적이고 꼼꼼하게 메모하여라. 그리고 메모한 것을 바탕으로 구체적이고 실천 가능한 계획을 세워라. 계획을 세웠다는 것은 꿈을 이루기 위한 마음가짐을 가졌다는 것이다. 그 결심을 실행에 옮김으로써 자신감을 갖게 될 것이고, 공부를 향한 욕구도 강해지고, 열정도 지속될 것이다. 다만, 강한 의지를 가지고 계획을 실천하려고 노력하여도 시간이 지나면 열정도 의지도 약해지기 마련이고, 계획도 생각대로 실행되지 않는 것도 사실이다. 그러니까 메모한 것을 수시로 보면서 정신 상태, 공부 상태를 돌아보고 점검하여 의지를 끌어올리고 열정도 지속되도록 하여라.

꿈을 실현하려는 열정

꿈을 이루기 위한 첫걸음은 바로 이루고 싶은 목표를 확실하게 세우는 것이다. 그다음으로는 꿈을 이루기 위한 방향으로 흐르는 생각의 흐름을 만드는 것이다. 왜냐하면 생각의 흐름은 흐르는 방향으로 행동을 하게하고, 또 그 흐름이 지속되는 한 행동을 지속하게 할 뿐만 아니라 열정을 가속화시켜 주기 때문이다. 생각해 보라. 만약에 생각의 흐름이 약하거나 없는데 꿈을 말하는 것은 실천적 행위가 따르지 않을 것은 명약관화할 것이므로 한낱 희망사항에 불과하지 않겠는가?

그러니까 이루고 싶은 목표를 정하면 그에 따른 생각을 흐름을 만들기 위해 실현 가능한 계획을 세우고 실천해야 한다. 공부를 할 때도 자기주도적이고 적극적으로 알기 위한 공부를 하고, 공부하는 내용은 잊지 않고 활용할 수 있도록 복습을 해야 한다. 꾸준하고 끈기 있게 복습하여 논리적인 생각의 흐름을 깊고 세차게 흐르도록 해야 한다.

어느 누가 꿈을 이루고 싶지 않겠는가? 그렇다. 꿈을 이루고 싶은 열정이 아무리 강한 사람이라 할지라도 때때로 힘들고 지치면 그만두고 싶은 생각을 수도 없이 한다. 시간이 지나면서 동기부여도 약해지고 그에 따라 열정도 식어 가기도 한다. 하지만 이들은 수시로 자신의 정신 상태, 공부 상태를 점검하고 되돌아보면서 꿈을 향한 열정이 식지 않도록 노력하고 또 노력한다.

그래서 상담을 할 때 이루고 싶은 꿈에 대한 열정을 중점적으로 물어보는 이유다. 꿈을 말할 때도 두 부류가 있다. 하나는 자신의 꿈을 당당하고 자신 있게 말하는 경우다. 열 명 중에 한두 명으로 꿈을 이루고 싶어 하는 생각과 열정이 커 그에 따른 학습활동도 적극적이고 논리적 사고를 바탕으로 한다. 문제를 향한 생각의 힘이 커 문제 풀이 과정에 논리적인 흐름을 놓치지 않는다. 궁금한 부분이 있을 때도 논리적인 흐름을 활용하여 적극적으로 질문을 하고 자기주도적으로 해결한다. 또 다른 하나의 부류는 '꿈이 없다.'고 말하거나, 대충 얼버무리듯이 말하거나 부모님이 대신 말해 주는 경우다. 이들 부모님의 공통된 근심과 걱정 어린 말씀은 "목표의식이 없어서인지 공부를 열심히 안 하는 것 같아요."라고 한다. 우리가 오해를 하고 있는 것이 있다. 공부를 적극적으로 하지 않는 이들을 보면 목표의식이 없어서가 아니다. 배경지식이 부족해서 꿈을 이룰 수 있다는 자신감이 없어서 꿈이 없다고 말하거나 말을 하지 않는다. 그러다 보니 꿈을 이루고자 하는 열정도 지식도 부족하여 공부를 향한 생각의 흐름을 만들지 않아 학습습관이 형성되어 있지 않다. 문제 풀이에도 적극적으로 참여하지 못하고 문제에 대한 설명 내용도 수동적으로 따라오는 것도 힘들어한다.

어느 부모님이 자식의 성공을 바라지 않겠는가?

오늘날 사람들의 생활수준이 높아지고 사회는 고령화 사회로 급속하게 진행되는 반면에 청년실업은 커져만 가고 있어서 부모님의 근심 걱정은 이만저만이 아니다. 이러한 걱정스러운 사회에 대처할 수 있는 자녀가 되기를 바라는 만큼 평생직장을 갖도록 하기 위해 교육에 대한 관심도가 매우 커져 가고 있는 것이 사실이다.

꿈과 직결되어 있는 직업에 대한 대화를 할 때 다양한 면에서 성공한 사람들은 어떻게 하여 꿈을 이루었는가에 대한 성공담을 들려주면서 목표의식을 갖도록 공감하기도 하고 조언을 하여주기도 해야 한다. 예컨대, 성공한 사람들은 역경 앞에서 좌절하지 않고 어떻게 극복하면서 자신의 꿈을 이루었는가도 들려주어 목표의식이 약해지는 것을 이길 수 있도록 하는 역할도 해 주어야 한다.

그런데 장래에 되고 싶은 직업을 말했을 때 부모님 마음에 드는 직종을 말했을 때도 그렇게 공부해서 그 꿈을 이룰 수 있겠냐? 그런 식으로 놀면서 무슨 꿈을 이룰 수 있겠니?라고 말하거나, 마음에 들지 않은 직종을 말하면 그런 것이 꿈이라고 말하는 것이니? 와 같은 오히려 공부에 대한 의지를 꺾는 말을 하는 경우도 있는데 이와 같은 말을 해서도 안 된다. 예컨대, 꿈이 뭐냐고 물었을 때,

"생명을 살리는 의사가 되는 것이 꿈이에요."

이때, 부모님들의 다양한 반응들이다.

① 그렇게 공부해서 의사가 되겠니? 어서, 가서 공부나 해라.

②그런 식으로 공부하려면 꿈도 꾸지 마라.

③그런 끈기로 무슨 공부를 한다는 말이냐?

④장하다, 어떻게 그런 생각을 했니? 열심히 하면 할 수 있을 거야.

현명한 부모가 되기 위해서 어떤 반응을 나타내야 하는 것인가? ④처럼 답을 해야 한다. 하지만 의외로 ①, ②, ③과 같은 반응을 보이는 경우도 의외로 많다.

왜 의사가 되겠다고 생각을 했을까? 공감을 하면서 생각을 묻고 경청하고 더 나아가 꿈을 이룰 수 있도록 힘을 보태어 준다. 그러면 공부로 향한 생각의 흐름이 훨씬 강하게 흘러 적극적으로 한다. 또한, 강한 집중력을 발휘하여 학습을 함으로써 효율도 높아진다는 것이다.

①, ②, ③처럼 하는 답은 공감은커녕 자녀의 감정은 고려하지 않고 하는 것이다. 자존감에 상처를 받는 것은 물론이고 공부를 하고자 하는 의욕까지 무너뜨린다는 것이다.

③처럼 말하기 전에 공부를 하는데 끈기가 부족하여 열정적으로 하지 않는다는 핀잔을 주어 자존감에 상처를 주지 말아야 한다. 그리고 그 이유를 찾아 해결책을 찾아주어 꿈을 이룰 수 있도록 해 주면 잘할 수 있다는 점도 알아야 한다는 것이다.

"되고 싶은 것이 없어요."

①지금까지 하고 싶은 것이 없다니 말이 되니?

②꿈이 없으니까 공부가 그 모양이지?

③ 그래서 공부를 열심히 안 하는 것이냐?

④ 이제부터라도 꿈을 정하고 공부를 열심히 하도록 하자.

'되고 싶은 것이 없다.'는 말을 들었을 때는 왜 목표의식이 없이 무기력한 모습을 보이는 것일까? 반성을 하고 꿈을 만들어 주어 자신이 하고자 하는 일에 열정이 생기도록 ④처럼 말을 해야 한다. 그런데 생각과는 다르게 핀잔을 주어 공부하려는 의지를 약화시키는 말을 한다. 꿈을 갖고 있지 않는 이는 목표의식이 없어서 생각의 방향이 뚜렷하게 정해져 있지 않아 방황을 한다. 방향이 흐릿하다 보니 열정이 약해지고 자신감도 없다. 왜 이런 일이 발생하였을까? 소통을 통해 해결책을 찾도록 하여 자신감부터 갖도록 해 주어야 한다. 자신감을 갖게 되면 자연스럽게 꿈을 갖게 되고, 공부할 때 문제가 잘 풀리지 않더라도 좌절하지 않고 끝까지 해결하려고 노력을 한다. 이것이 공부의 시작이다.

상황을 대처하는 생각습관

 답답하고 귀찮은 상항을 마주하기 싫어하는 이들은 적극적으로 대처하여 상황을 해결하려는 생각보다 어떻게든 그 상황을 피하거나 벗어나려는 생각부터 한다. 공부도 마찬가지로 대한다. 내용이나 문제가 어려워 보이면 적극적으로 접근하여 이해하고 답을 구하려는 생각보다 해설을 보거나 강의를 들으려는 생각에 지배된다. 그러면 의지로 극복할 수 없는 생각의 힘에 밀려 해설을 참고하거나 강의를 듣게 된다. 문제는 해설을 참고하고 강의를 들을 때 이해가 된다 싶으면 '알았다.'고 착각을 하고 대충대충, 덜렁덜렁 끝낸다는 것이다.

 사실, 많은 학습자들이 이들과 크게 다르지 않다. 관련된 지식을 끌어와 적용을 해야 할지, 집요하게 접근을 해서 생각을 할 수 있는 데까지 해 봐야 할지를 모르고 헤맨다. 이는 생각의 흐름이 약하고 방향이 없다는 것을 단적으로 보여 주는 것이다. 그리고 이들은 의존하려는 의존성이 매우 강해 내용이나 문제가 조금만 복잡하고 어려워 보인다고 판단이 되면 관련된 지식을 동원하여 접근하려는 생각보다 자기중심적 판단부터 하려고 한다.

- ·할 수 있다 없다.
- ·내용이나 문제가 쉽다 어렵다.
- ·경험이 있다 없다.
- ·난이도가 높다 낮다.
- ·문제나 내용이 복잡하다 그렇지 않다.
- ·평소에 어렵다고 생각한 문제다 아니다.

이와 같은 생각이 공부하고 있는 내용과 뒤섞이면서 생각의 중심이 쉽게 무너지게 된다. 그러면 내용을 구분 분별할 수가 없어 더 이상 생각을 진행시키지 못하고 우왕좌왕하고 있는 순간 의존하려는 생각에 지배된다.

실수를 하거나 덜렁거려서 틀렸을 때, 판에 박히듯이 '문제를 잘못 읽어서, 부호를 잘못 보고 풀어서, 대충 읽고 풀어서.'라고 생각한다. 이들은 실수나 덜렁거리는 것도 반복해서 하면 집중하지 못한 상태이거나, 논리적인 생각의 흐름으로 집요하게 접근하지 못해서 나타나는 결과도 '실수'라는 구실을 들어 합리화하면서 틀린 것을 인정하려 하지 않는다. 이렇게 구실을 삼아 합리화하는 것이 습관이 되지 않도록 평소에 고쳐야 한다고 충고를 하면 "집중하지 않아서 실수한 것이니까 맘 먹고 침착하게 하면 언제든지 고칠 수 있다."고 판에 박히듯이 말하면서 대수롭지 않게 여겨 쉽게 개선하지 못한다.

그런 것을 반복하는 이유를 들여다보면 이들도 시작할 때는 논리적인 흐름을 따라 접근하려고 노력을 한다. 문제는 생각의 힘인 지구력이 약해서 적극적으로 문제를 해결하려는 생각습관이 되어 있지 않다. 그래서 생각의 흐름이 조금만 방해를 받아도 습관적으로 객관적이고 이성적인 생각을 하기보다는 주관적이고 감정적 판단이 개입된다는 것이다. 문제를 해결하려는 적극적 의지는 온데간데없고, 머릿속의 생각은 온통 '문제를 읽어나 볼까? 아니 풀어 볼까? 읽어 본다고 해서 풀 수 없는 문제를 읽어 보는 것은 오히려 시간 낭비만 하는 것은 아닐까?'라는 생각으로 뒤엉켜 갈피를 잡지 못하고 우왕좌왕하다가 제대로 접근 한번 못 하고 읽어 보는 시늉을 하다가 끝낸다.

감정적 판단이 중간중간 끼어드는 순간.
· 자신도 모르게, 자신의 의지와 상관없이 순간순간 찾아오는 잡념으로 앞 내용을 놓쳐 흐름을 찾지 못할 때.
· 문제나 내용에 관련된 지식이 없어 이해할 수 없을 때.
· 부실하고 부정확한 지식으로 잘못된 이해나 해석으로 문제가 요구하는 방향과 다른 흐름을 가졌을 때.

그러면 흐름을 방해하고 있는 원인을 찾아 분석한 다음 다시 논리적인 흐름을 찾아 접근을 해야 하는데 그렇지 않고 심적 압박을 하고 있는 답답함을 견디지 못하고 포기를 한다. 냉정하게 생각해 보라. 실제로, 답답해하고 있는 시간은 단 몇 초 몇 분에 불과한 짧은 순간이다.

그럼에도 불구하고 그 순간을 극복하지 못한다. 마음이 답답할 때 참기 어려운 것은 맞지만 평소에 생각하는 습관 때문이다.

　이런 생각의 습관이 만들어지게 되는 때.

· 답답한 상황에 맞닥뜨리면 상황을 빨리 처리하고자 하는 급한 성격으로 대처할 때.
· 외부로부터 약한 심적인 압박만 받아도 당황하거나 소극적으로 대처하는 방어적인 태도를 취할 때.
· 상황을 대처할 때 침착하게 대처하지 못하고 서두르거나 우왕좌왕하면서 대충 대처할 때.
· 자신에게 놓여 있는 상황을 적극적으로 대처하기보다는 구실을 찾아 피할 때.
· 어떤 일을 처리할 때, 주변에 있는 상대방이 자신의 접근방식과 다르다고 질책하거나 접근속도가 느리다고 재촉하는 주변 환경이 지속될 때.

　그렇다면 생각하는 습관을 어떻게 알 수 있을까?
　독서를 할 때나 수학문제 풀이할 때 쉽게 인식할 수 있다. 독서는 앞 내용을 잊지 않으면서 논리적인 생각의 흐름을 가져갈 수 있는 집중력을 필요로 하는 것으로 집중력이 약하거나 논리적인 생각의 힘이 약할 때 나타난다. 수학은 문제와 관련된 지식을 끌어올 수 있는 힘과 연산연립을 할 때 집요함을 필요로 하는 것으로 생각의 힘이 약하거나 집요함이 약할 때 나타난다. 특히, 수학은 관련된 지식을 끌어올 때, 적용하여 식을 만들 때, 식이 논리적으로 맞는지 확인할 때, 연산연립을 할 때이다.

고도의 사고기능을 가지고 있는 인간의 뇌신경세포는 천재나 보통 사람이나 두뇌의 신경세포 차이는 없다고 한다. 신생아 뇌의 무게가 약 400g~500g으로 성인 뇌의 30% 정도밖에 안 되지만 신경세포 수는 같다고 한다. 성장해 가면서 신경세포 크기와 시냅스의 가짓수가 달라진다고 한다. 시냅스 가짓수의 발달에 따라 지능의 높낮이가 다르게 나타난다고 한다. '머리가 좋다.'고 하는 이야기는 학습을 통해 얻은 지식을 얼마나 효율적으로 습득을 하고, 습득한 지식을 얼마나 잘 활용하고 학습을 통해 얻은 지식을 얼마나 잘 기억하는가를 말한다고 한다. 학습한 내용을 복습한 지식을 기억하여 그 지식을 응용하여 효율적으로 활용하면 시냅스 회로가 활성화되어 학습 효과를 높이는 생각의 흐름이 형성되지만 기억하고 있는 지식이 없어 사용하지 않으면 시냅스 회로는 막히고 녹슬게 되어 학습의 효과는 없어진다는 것이다.

그러니까 개선하기 위해서는 무엇보다 먼저 확실하고 정확한 배경 지식을 쌓아라. 그다음으로는, 문제와 관련이 없는 잡념이 들어와 생각의 중심을 무너뜨리고 생각의 흐름의 방향을 바꾸려는 것을 인식하는 순간 잠시 생각을 멈추고 문제와 관련이 없는 생각을 떨쳐내고 다시 접근하여라.

그리고 다시 정신을 집중하여 알고 있는 지식이 바닥이 날 때까지 접근하여 버티는 것이다. 그렇지 않으면 어떤 설명을 들어도, 아무리 열심히 공부를 하여도 학습에 진척이 없거나 몹시 더디게 나아갈 것이라는 것을 잊지 않기를 바란다.

자기주도적이면서 적극적인 수용력

　자기주도적인 생각의 흐름은 내용이나 문제를 접했을 때, 두려워하거나 당황하지 않고 집중력과 집요함을 발휘할 수 있도록 한다. 여기에 공부를 하면서 쌓은 배경지식은 자기주도적인 생각의 영역을 넓혀주는 역할을 준다.

　배경지식은 생각의 흐름이 논리적으로 흐를 수 있도록 해 주는 자료를 제공하여 주고, 더 나아가 그 자료를 활용하여 창의적인 생각을 할 수 있도록 하여 주는 매우 중요한 역할을 한다. 만약에 배경지식이 없거나 부실하고 부정확한 지식이면 생각의 흐름을 흐르게 할 수 있는 것이 없는 것과 같다. 그래서 생각을 더 진행할 수 없기 때문에 결국 포기하게 된다. 반대로 배경지식이 충족하면 충분한 자료를 제공하여 생각의 흐름을 자기주도적으로 흐르게 하여 빠르고 정확하게 이해를 하고 효율적으로 답을 구할 수 있게 하여 준다.

　공부를 잘하는 이들처럼 어떻게 하면 잘할 수 있나?

가장 많이 받는 질문이다. 질문에 대한 답은 간단명료하다. 하나는 그들만큼 공부를 열심히 하지 않는다는 것이다. 다른 하나는 공부한 지식을 잊지 않고 얼마나 적극적으로 활용하느냐. 공부한 지식을 잊지 않는 것은 복습에 달려있고, 그 지식을 활용하려는 것은 활용하려는 적극적 의지에 달려있다. 그러니까 소심하게 상대방의 지식을 넘사벽처럼 생각할 것 없다. 공부를 열심히 하겠다고 결심한 그 시점부터 시작하면 된다. 그 시점부터 어느 누구의 가르침이든 가르침을 적극적으로 수용하고 그 지식을 자신의 지식으로 만들기 위해 효율적으로 공부를 하고 그 지식을 적극적으로 활용하여라. 그러면 성적의 차이는 얼마 지나지 않아 거의 없을 것이다. 왜냐하면 아무리 천재라 할지라도 100점 이상은 맞을 수 없으니까 말이다.

공부의 효율을 높이기 위해서는 학습 내용과 관계를 맺을 때 소극적이고 수동적으로 맺지 말고 학습의 주체자로서 관계를 맺어야 한다. 하지만 학습자의 신분으로서 처음 접한 내용이나 문제는 불가피하게 수동적으로 관계를 맺게 된다. 복습을 하여 주도적인 관계로 바꿔 놓으면 그 뒤부터 주도적인 관계로 바뀐다. 그래서 주도적이고 효율적인 공부를 하기 위해 다음과 같은 것을 구체화하고 세밀하게 고려하여야 한다.

· 학습습관에 맞는 계획을…(만약에 개선해야 할 습관이 있다면 개선이 가능한 범위에서 계획을 세워 반드시 실천해야 한다.)

- 복습할 수 있는 시간을 가능하면 정확하게 예측을 하여 실천할 수 있는 계획을 세우기를…
- 이해할 수 있다는 선에서 머물지 않기를…(이해할 수 있다와 이해한 내용을 자신의 지식으로 만드는 것과는 비교할 수 없을 정도로 다르다.)
- 복습 결과에 대한 평가는 시험 결과가 말해 주지만 시험을 치르기 전에 스스로 평가를 중간중간에 반드시 실시하기를…(복습하는 그 순간에는 알 수 있다고 판단을 하지만 사실 조금만 시간이 지나도 기억이 희미해진다. 그러니까 중간 중간에 확인 테스트를 하여 기억 속에 남아 있는지, 그 지식은 응용력을 가질 수 있는지 확인 테스트를 하여야 응용력을 갖도록 해야 한다.)

자기주도학습을 하여 의대에 합격한 학생의 이야기다.

"자신은 평소에 책상에 머리만 닿으면 잠을 자는 잠보다. 잠을 극복하는 방법으로 깨어 있는 시간에 학습의 주체자로서 충실하자. 둘째, 강의 내용을 놓치지 않기 위해 최대한 잠을 자지 않는다, 수학은 복습을 많이 해야 하므로 문제마다 색깔이 있는 펜으로 구분을 하고 복습은 반드시 학습한 내용을 알고 있는지 확인하는 복습을 한다. 자신만의 색깔의 의미다.

첫째, 표시 없는 문제는 복습할 필요가 없는 문제.

둘째, 검정색 : 한 번 풀었을 때는 몰랐지만 두 번째 복습을 하였을 때는 충분히 이해하였다고 판단한 문제.

셋째, 파란색 : 세 번 정도 복습을 해서 풀기는 풀었으나 구체적으로 잘 몰라서 설명을 다시 듣고 싶은 문제.

넷째, 빨간색 : 전혀 기억할 수 없고 방향감각조차 없는 문제.

다섯째, 초록색 : 지난번 학습을 할 때 설명을 들었을 때는 이해를 하였으나 복습할 때, 다시 풀 수 없는 문제.

색깔에 의미가 있는 것은 아니고 나름 정한 것이다. 그 색을 보고 질문을 한다."는 것이다.

문제마다 메모된 내용은 무엇이냐?

"문제에 대해 이해할 수 없는 부분과 모르는 이유를 메모하여 놓은 것이다."

서울대 물리학과에 합격한 학생의 이야기다.

설명하면서 식을 만들기 위해 말한 관련된 지식들 중에 메모하지 않아도 될 정도의 사소한 것까지 메모를 한다. 혹시 설명을 듣다가 메모하지 못한 내용이 있으면 다시 말하여 달라고 하여서 메모를 한다. 그래서 굳이 메모를 하지 않아도 될 것까지 메모를 하려고 하느냐고 물었다.

"사소하다고 메모하지 않으면 안 되는 이유가 몇 가지 있습니다.

첫째, 복습할 때 메모할 것을 하지 않았다는 생각이 밀려오면 짜증이 나서 공부에 방해가 된다.

둘째, 아무리 사소한 지식이라 하더라도 설명 속에 들어 있는 경험적 지식은 스스로 찾아내기가 어렵다.

셋째, 지식을 취사선택해서는 안 된다. 다음에 반드시 필요하게 된다."고 말을 하는 것이었다.

상대방의 지식을 적극적으로 수용하여 자기 지식으로 만들어 선생님의 지식보다 더 많아지는 아주 효율적인 최고의 방식이었다.

이들의 공통적인 특징은 수학을 공부할 때 답을 구할 수 없도록 만들어 놓은 식이 할지라도 끝까지 계산을 해야 한다는 것이다. 그 이유로는 첫째, 문제의 주체가 될 수 있다는 것이다. 둘째, 자신이 틀린 것이 있어야 자신의 고칠 점이 있다는 것이다.

외적요인을 탓하지 않고
사소한 것에 연연해하지 않는다

가정학습을 하지 않은 이들의 갖가지 이유를 들어 보면 '몰라서, 하기 싫어서, 친구들과 놀다가, 게임하다가, 졸려서'등과 같은 솔직한 표현은 거의 없고, 대부분은 외적 요인에 대한 '탓'을 하는 말들이다. 'TV 소리가 너무 커 집중할 수가 없어서, 시끄러워서 집중할 수가 없어서, 숙제하려고 하면 심부름 시켜서' 등과 같은 말들이다. 설령, 그런 상황이 있다 하더라도 주변에 공부할만한 장소로 가서 하면 되는 것을 하지 않고 변명을 늘어놓는다.

극복할 수 있는 상황을 피하기 위한 변명을 외부에서 찾지 마라. 핑계 거리를 외부에서 끌어들이면 그에 대한 변명을 위해 쓸데없는 자신과의 대화를 해야 한다. 얼마나 하찮고 부질없는 것에 정신에너지를 낭비하는가 말이다.

주변에 일어나는 일상적인 것들은 어느 장소나 크게 다를 바 없다. 그러니까 주변에서 일어나는 일들을 탓하는 생각을 내려놓고 도서관이나 독서실에 가서 공부를 하면 된다. 가는 길에 계획한 것을 어떻게 실천할 것인가 하나하나 점검하기도 하고, 꿈을 이루었을 때의 자신의 모습을 그려 보면서 실천 의지를 다지는 시간으로 활용하면 얼마나 좋은가?

'해야 할 일'을 하지 않은 것에 대해 외적인 것을 끌어들여 핑계 삼아 그 상황을 모면하는 것을 반복하면 반복한 것 이상으로 기억의 창고에는 좋지 못한 잠재의식이 잠재된다. 막상 '해야 할 일'이 앞에 놓이면 구실 삼아 피하던 관련된 잠재의식이 동시에 깨어나 생각과 행동에 영향을 주어 같은 행위를 반복하게 만든다.

정신이라는 것은 반드시 무엇인가와 어떤 식으로든 관계를 맺고 있으며, 끊임없이 관계를 맺으려 한다. 그 관계가 대등적이든, 주도적이든, 종속적이든 어떤 식으로든 관계를 맺고 있다. 정신의 세계에서 맺고 있는 관계는 관계들끼리 한계가 분명하지도 않고 서로 관련을 갖고 있다. 때로는 관계가 서로 영향을 주어 바뀔 정도로 관계를 갖고 있다. 주도적으로 관리를 할 수 있었던 관계도 관계가 지속되면서 종속적 관계로 변질되기도 한다. 특히, 게임과 관계이다. 처음에는 시간을 조절하면서 컨트롤할 수 있었는데 시간이 지나면서 습관이 되고, 더 나아가면 중독이 되기도 한다. 중독이 되면 어떤 것이든 생각의 흐름이 그것과 종속적인 관계가 되기 때문에 자기주도적으로 컨트롤을 하지 못하고 중독된 생각의 흐름을 벗어나지 못한다.

외적인 것들을 끌어들여 구실을 삼는 것이 습관화가 되면 주변 환경에 대해서도 민감하게 반응을 한다. 주변 환경에 반응을 하고 그에 대해 반응의 정도는 개개인이 가지고 있는 성향에 따라 천차만별이다.

그 대상이 사물이냐 사람이냐에 따라 다르다. 그 대상에 대해 반응하고 처리하는 방식도 다르다. 어떻든 공부하는 데 있어서 정신집중에 방해의 정도가 크든 적든 방해하고 있는 것은 사실이다. 대상에 대한 개개인의 처리하는 방식에 따라 대상에 대한 잡다한 생각으로 보내는 시간은 다르다.

1. 사물일 때

주변을 자신의 의지대로 할 수 없는 것일 때는 적응을 하여라. 예컨대, 자신이 공부하는 방에 책상의 위치가 맘에 안 들어 집중이 잘 안된다고 생각이 들 때 열심히 땀을 흘려 가면서 침대 위치 책상 위치를 바꿔 보지만 이삼일도 지나지 않아 전과 똑같아진다. 그러니까 바꿀 수 없는 주변 탓하는 생각으로 시간 낭비하지 마라.

2. 사람일 때

모든 사람은 자신이 가지고 있는 가치판단의 기준이 있다. 그 기준에 따라 세상을 바로 보는 관점이 있다. 그 관점 따라 생각을 하고 판단하여 행동을 한다. 그래서 자신과 다른 관점을 가지고 있는 상대방에게 관점의 변화를 요구를 해서도 안 된다. 만약에 관점에 대한 변화를 요구한다면 그것은 상대방의 가치판단의 기준이 되는 생각의 본질을 바꾸라고 요구를 하는 것과 다름없다. 그것은 있을 수 없는 요구이기 때문에 결국 서로에게 좋지 못한 감정을 낳는 결과를 가져올 것임에 틀림없다.

사회적인 동물인 사람은 누구나 사람들과 관계를 맺고 살아간다. 그 관계에서 필연적으로 갈등이 생길 수밖에 없다. 그 갈등에 대한 생각은 자신이 바라보는 세상의 관점에서 자기중심적으로 생각을 하고 또한 기억에 오래도록 남는다. 물론, 갈등에 대해 크게 신경을 쓰지 않고 넘어가는 이들도 있다. 하지만 그들과는 달리 자기중심적 입장에서 생각을 거듭 거듭하여 갈등 내용을 증폭시키는 이들도 있다. 그래서 갈등에 대한 생각들이 잡념이 되어 공부에 집중할 수 없게 한다. 그러니까 혼자만의 생각으로 갈등을 이어가서 공부에 방해가 되면 '상대방은 그것에 대해 관심도 없는데 나만 이런저런 생각으로 정신적 에너지를 부질없이 소비하여 공부에 집중하지 못하고 있구나.'라고 마음속으로 외쳐 보아라. 그러면 쉽게 생각이 정리가 되어 공부에 집중할 수 있을 것이다.

3. 휴식을 취할 때

휴식은 논리적인 생각의 흐름을 만들어 흐르도록 하느라 중노동한 뇌를 잠시 쉬도록 하는 중요한 시간이다. 그런데 우리는 지친 뇌를 쉬게 하는 게 아니라 오히려 스트레스를 주는 게임을 하거나, 유튜브 동영상을 보거나, 친구들하고 놀면서 시간을 보내느라 원래 계획한 휴식 시간을 훌쩍 넘겨 지친 뇌를 쉬도록 하기는커녕 오히려 공부에 대한 생각의 흐름을 바꿔 놓기까지 한다. 휴식이 오히려 잡념을 끌고 와 공부를 방해하게 된다. 그러니까 스트레스를 푼다는 구실로 게임을 하거나, 동영상을 보거나 친구들과 놀면서 시간을 보내는 것은 지친 뇌를 쉬게 하는 것이 아니다. 자기만의 휴식다운 휴식을 가질 수 있도록 방법을 찾아 휴식을 취하도록 하고 휴식에 대한 약속을 지켜 뇌에 에너지 충전이 되도록 하여야 한다.

강의 내용과 다른 공부를 하지 않는다

1. 다른 과목 공부로 나쁜 학습습관 만들지 않기

　마주하는 상황이 복잡하고 어려워서 귀찮다는 이유로 적극적으로 해결하려는 생각보다는 피하는 구실을 찾아 합리화하고, 받아들일 준비가 되어 있지 않다는 이유로 적극적으로 수용하여 자신의 것으로 만들려는 것보다 구실을 찾아 합리화하면서 미루거나 피하는 행위를 곰곰이 생각해 보라. 그러면 아마도 논리적 사고를 하기 위한 집중력이 약하거나 생각의 지구력이 약해서 그런 행위를 습관처럼 반복하고 있다는 것을 깨닫게 될 것이다. 예컨대, '좋아하는 과목이 아니다. 주요과목이 아니다. 들을 만한 내용이 없다.' 등과 같은 구실을 찾아 피하는 이유를 들이대면서 강의 내용과 다른 과목을 공부한다. 또, 도움이 되지 않는 공부를 하는 것보다 차라리 다른 공부하는 것이 더 낫다는 생각으로 한다. 시간의 효율이라는 구실을 명분으로 자기합리화를 한다. 하지만 사실 득보다는 실이 많은 행위로 하고 있는 것에 해야 할 것에 집중하지 못함으로써 공부에서 그 어느 것보다 중요한 집중력과 생각의 힘인 지구력을 약화시킨다는 것이다. 한마디로 말해서 구실을 찾아 피하는 습관을 만듦으로써 본업에 충실하지 못한다는 뜻이다.

다시 말해, 강의 내용에도, 몰래 하는 공부에도 어느 하나에도 집중하지 못하고 잡념과 뒤섞인 상태에서 공부하는 격이다. 그래서 오히려 집중하여 공부하는 것보다 뇌에 더 나쁜 영향을 준다. 문제는 집중하지 못하고 잡념이 섞인 상태에서 공부하는 것도 '공부를 했다.'는 착각을 갖게까지 한다는 것이다. 이런 착각도 반복되면 집중하지 못한 상태에서 한 공부도 공부한 것으로 인식하는 좋지 못한 무의식을 갖게 한다는 것이다.

어떻든 결과적으로 갖가지 구실로 자기 합리화를 한 행위가 집중력과 생각의 지구력을 약하게 만들고, 잡념을 끌어들이는 역할을 한다는 사실을 깨달아야 한다. 이런 나쁜 습관은 난이도가 높아 복잡하여 생각의 흐름이 방해를 받으면 배경지식을 적용하기도 전에 답답함이 피하거니 미루는 잠재의식을 깨워 구실을 찾아 합리화를 하게 한다. 강조하건대 마주하는 상황을 미루거나 피하지 말고 적극적으로 대처하여 나쁜 습관을 없애라.

2. 강의 내용과 엇박자 놓는 공부 하지 않기

'내용이 쉽다. 예전에 본 책이다. 내용이 어렵다. 난이도가 너무 높다.' 등과 같은 이유로 엇박자를 놓는 생각을 하지 마라. 예컨대, 선생님은 난이도가 중정도 되는 B출판사 3단원을 하고 있는데 B출판사 5단원을 공부한다든지, 개념을 주로 다른 A출판사 3단원을 공부하지 마

라. 여러 구실을 찾아 자신에게 맞는 책, 또는 단원을 공부하는 것이 '시간을 효과적으로 쓸 수 있다.'는 명분으로 자신의 옳지 못한 행위를 합리화시키고 있는 것이다.

시간의 효율을 내세운 명분은 그럴듯하지만 학습습관에는 오히려 독이 되는 것은 물론 학습의 효율을 떨어지게 한다. 효과도 없는 공부를 하였으면서도 '나름 공부하였다.'는 명분에 대응하는 답을 하지만 이런 행위를 반복하면 집중력을 약하게 만든다.

자신의 학습행위와 다른 이들의 학습행위를 냉철하고 진지한 눈으로 비교하여 보아라. 집중력 있게 공부를 하는 학습자는 이런 상황에서는 집중을 할 수가 없어 짜증만 난다고 바로 그만둘 것이고, 잡념이 많은 상태에서 공부를 하던 습관이 있는 학습자는 평소대로 집중력의 정도에 별 반응 없이 계속할 것이다.

생각이라는 것은 과거에 주변과 관계를 가졌던 경험이 기억되어 있는 것이거나 현재 직간접적으로 관계를 맺고 있는 것이다. 그래서 강의 내용과 관계를 맺어 그 방향으로 생각의 흐름이 흐르고 또는 의지가 생각을 끌어들여 보고자 하는 책으로 흐르도록 하여 생각의 흐름을 강하고 일관되게 흐르는 것을 방해하여 갈지자 행보를 하게 하여 집중력을 약하게 만든다. 생각과 의지가 갈등을 하면서 흐름을 약하게 하는 것은 경솔하거나 배경지식이 부족하여 의지로 해결하여 보려는 것이다. 하지만 생각의 흐름이 약한 상태에서 의지는 하나의 잡념이나 다름없다.

자신을 둘러싸고 있는 환경

사람은 누구나 자신을 둘러싸고 있는 주변 환경과 직접적이든 간접적이든 어떤 식으로든지 관계를 맺고 살아간다. 그 관계를 유지 지속하기 위해 상호작용하면서 적응을 하게 된다. 연령이 낮을수록 환경에 영향을 더 많이 받는다. 이들은 주변에서 일어나는 일들에 대해 객관적으로 판단할 능력이 아직 형성되지 않아 자신의 감정이 움직이는 대로 의식적이든 무의식적이든 수용하게 되고 그것들이 축적되어 생각의 흐름과 방향이 만들어진다. 그리고 그 흐름과 방향이 생각의 기준이 되어 주변에서 일어나는 일들에 대해 판단을 하고 예측을 하여 말과 행동을 하게 된다.

자신의 말과 행동을 자세하고 들여다보아라. 어떻게 느끼고, 어떻게 생각을 하며 그에 따른 말과 행동은 어떻게 하는지 또, 무엇을 기대하며 생각을 하고 행동을 하는지를 보면 자신의 주변 환경이 어떤지 알 수 있게 된다.

자신을 둘러싸고 있는 주변 환경과 어떤 관계(컨트롤할 수 있는 관계, 컨트롤할 수 없는 관계)인지 확인한 다음 대처를 해야 한다. 예컨대, 공부를 해야 할 시간에 공부를 하였는지, 공부를 해야 할 시간임에도 불구하고 공부를 하지 않고 무엇을 하였는지 자신에게 관대하게 생각하지 말고 냉정하게 생각해 보라.

생각의 흐름으로 만들어진 습관 가운데 나쁜 습관이 있다고 하여 그 습관을 집 안에 있는 물건들 중에서 필요 없다고 내다 버리듯이 버릴 수 있는 것이 아니다. 단지, 생각의 힘이 큰 것으로 대체될 뿐이다. 그래서 대체되는 힘이 충분히 커질 때까지는 생각의 방에 남아 있으면서 의지를 무너뜨릴 수 있는 잠재적인 힘을 유지하고 있다는 것이다.

특히, 공부는 적극적인 뇌의 활동을 했을 때만이 논리적인 흐름이 만들어지고 이 흐름을 바탕으로 이해가 될 때만이 다음 단계로 넘어갈 수 있는 적극적이고 능동성을 요구된다. 따라서 공부에 대한 생각의 흐름과 방향을 만드는 것은 짧은 시간에 할 수 없다. 반면에 TV나 컴퓨터 등과 같은 전자기기는 보는 사람의 어떠한 생각도 요구하지 않는 것은 물론 가만히 있어도 상당한 자극을 끊임없이 주고 화면도 빠르게 바뀌는 것에 따라 움직이는 수동적인 뇌의 활동이 익숙해져 쉽게 흐름이 만들어진다.

공부는 지속적이고 많은 시간을 필요로 하기 때문에 공부를 할 수 있는 학습 환경이 매우 중요하다. 학습 환경을 말할 때 오늘날까지 "맹모삼천지교"를 부르짖는 데는 그만한 이유가 있다. 공부할 수 있는 환경과 분위기가 조성되어 있는 곳에 있음으로써 의식적으로든 무의식적으로든 영향을 받아 공부에 대한 생각을 많아하게 되고 그에 따른 공부에 대한 생각의 흐름도 강해져 자연스레 공부를 하게 된다는 것이다. 요즘으로 말하면 학습 환경이 좋은 곳(일명 학군이 좋은 곳)은 언제든지 자신에 맞는 수준 높은 강의를 선택하여 들을 수 있고, 공부를 위한 정보나 궁금한 것이 있을 때, 언제든지 쉽게 좋은 정보를 얻을 수 있는 곳이다.

주변의 학습 분위기에 가장 많은 영향을 받는 것은 독서다. 독서할 수 있는 분위기에서 성장한 이들이 이구동성으로 말하는 것으로 언어영역을 잘할 수 있는 필수적인 요소로 꼽는 공통점은 독서능력이 있어야 한다는 것이고, 그렇다고 독서능력을 위해 독서 방법을 따로 배운 적은 없다고 한다.

'주변에 책이 많이 있고, 늘 옆에는 부모님, 형, 언니, 오빠들이 책을 읽고 있어서 책을 읽게 되었다. 독서를 강요하지는 않지만 자신이 읽은 책 내용을 들려달라고 하여서 들려주면 재미있게 들어 주고 혹시 이야기의 흐름이 논리적이지 못할 때만 흐름을 놓치지 않기 위해 어떻게 읽어야 한다고 바로잡아 주는 정도였다. 그리고 독서를 하는 것은 사고를 논리적으로 할 수 있도록 하여주는 논리회로를 생각의 방에 설치하는 것과 같다. 논리회로가 있음으로써 집중력을 잃지 않고 논리적으로 생각을 하면서 책을 읽을 수 있다는 것이다. 이런 과정에서 논리적으로 생각할 수 있는 힘과 독서능력이 생기지 않았나 생각이 든다. 책을 읽는 것이 재미가 있고, 때로는 가끔씩 어면 종류의 책이든 읽고 있지 않으면 허전한 기분까지 들었다.'고 말한다.

반면에 독해능력이 부족한 이들은 이구동성으로 독서능력을 갖추지 못한 것을 후회하면서 하는 말은 '문장이 길면 읽기 전부터 가슴이 답답해져 숨이 막힐 지경이다. 긴 지문을 읽는 습관이 없다 보니 읽은 지문 내용을 이해하면서 파악하는 힘이 약해 집중력이 떨어지고, 그 순간 이런저런 잡다한 생각이 파고들어 읽고 있는 줄을 기준으로 앞에 몇 줄만 머릿속에 있고 나머지는 없다는 것이다. 책을 읽었다고 하더라도 읽고 있는 내용을 파악하지는 못하고 느낌으로 다가온 몇 문장만 기억에 남는다. 그래서 결국에는 내용을 알 수가 없어 더 이상 읽지를 못한다. 그렇다고 다시 처음부터 읽을 생각은 엄두도 못 낸다.'는 것이다.
이들의 공통된 이야기는 독서능력을 기르는 것은 수학보다 더 어렵다고 한다.

생각의 힘

생각의 힘은 지식을 쌓고, 쌓은 지식을 적용하고 활용하려는 욕구로 부터 생기는 힘이다. 같은 사물을 보고도 대하는 태도가 사람마다 다르고, 같은 지식에 대해서도 이해하려는 태도, 알려고 하는 의지가 사람마다 다르다. 그렇듯 생각 속에서 나오는 태도, 욕구, 의지에서 만들어지는 생각의 힘의 크기는 천차만별이다. 그 생각의 힘은 집요함과 집중력으로 나타난다.

공부와 뗄 수 없는 것이 집요함과 집중력이다. 이들은 논리적인 사고를 할 수 있도록 하는 생각의 힘에서 나오는 것들이다. 그 힘은 지식으로서 역할을 할 수 있는 지식으로부터 나온다. 지식이 풍부하면 할수록 생각의 힘도 크다.

상상력과 사고력을 가진 우리는 이런저런 잡다한 생각을 하면서 살아갈 수밖에 없다. 그래서 불가피하게 집중을 방해하는 잡념을 물리치고 공부에 집중하기 위해 많은 지식을 쌓아 생각의 힘을 길러야 한다.

1. 어떻게 하면 업그레이드할 수 있을까?

첫 번째로, 내용이 복잡하여 이해하기 어려워 마음이 답답해져 오면 생각의 힘이 한계에 다다랐다는 신호다. 이런 상황을 마주했을 때, 그동안 우리는 생각의 힘을 기를 수 있는 기회인 줄 모르고 답답하다는 이유로 포기를 하였다. 그런데 사실 이 신호는 생각의 힘을 기를 수 있는 절호의 찬스라는 것이다. 그러니 이 기회를 놓치지 말고 생각을 진행시키는 법을 배워 생각의 힘인 지구력을 길러야 한다. 그 방법 중 하나는 독서다. 독서할 때 이런 상황이 발생하면 독서를 하면서 만들어져 할 논리회로가 형성되지 않아 나타난 것이다. 그러니까 답답하다고 생각하지 말고 논리적인 흐름을 놓친 부분부터 다시 읽어 논리적인 흐름을 만들어서 읽어야 한다. 만약에 그렇지 않으면 답답함을 극복하지 못해 몇 장 읽지도 못하고 그만 읽게 될 것이다. 그것뿐만 아니라 앞으로 한 권의 책을 끝까지 읽는 것이 힘들 수도 있다. 또, 다른 하나의 방법으로는 수학 문제 풀 때다. 문제가 풀리지 않아 답답하여 포기하고 싶은 생각이 들면 문제를 다시 꼼꼼하게 읽고 어떤 지시적 의미를 몰라 접근하지 못하는지 찾아라. 그리고 그와 관련된 지식이 눈곱만 한 것이라도 있으면 끌어와 적용하고 조작도 하면서 끝까지 버텨라. 그 결과 비록 답을 구하지 못해도 괜찮다. 왜냐하면 이런 과정 하나하나 모두가 생각의 흐름을 깊고 강하게 만드는 것이니까 말이다.

두 번째로, 공부가 '힘들다. 어렵다.'라는 생각은 생각의 힘이 약하다는 의미다. 다시 말해, 생각의 힘을 만들어 내는 것은 지식인데 지식이 부족하다는 것과도 같다. 이것은 공부를 열심히 하지 않아서 생긴 것이기 때문에 걱정할 것 없다. 그렇다. 공부를 열심히 하지 않고 보낸 과거에 대한 시간은 생각지 말고 지금 이 순간부터 지식을 쌓아 생각의 힘을 만들면 된다. 공부라는 것은 언제 시작하였느냐가 중요한 것이 아니고 공부한 지식을 잊지 않고 얼마나 잘 활용하느냐가 중요하다. 그래서 그 힘을 만들기 위해서는 막연하게 열심히 하겠다는 다짐이 아닌 알기 위한 공부를 하고 잊지 않기 위해 얼마나 적극적으로 실행하느냐는 것이다. 무엇보다 중요한 것은 고생하여 알게 된 지식은 결코 잊지 않도록 수시로 복습을 하여 생각의 힘이 나오도록 하여야 한다.

세 번째로, 내용이 복잡해서 이해하기 어렵다는 생각에 쉽게 생각이 뒤엉켜 방향감각을 잃는 것은 생각의 힘이 약하기 때문이다. 생각이 뒤엉켜 방향감각을 잃는 것은 분별하여 논리적인 생각의 흐름을 만들지 못하기 때문이다. 이 힘을 만드는 방법으로 제일 좋은 것은 구체적인 사례를 만들어 접근하여 논리적으로 쉽게 이해할 수 있도록 하는 것이다. 그러면 마치 안개 속에 갇혀 방향감각을 잃고 있다가 한 줄기 햇살에 맑게 걷히는 것처럼 논리적인 생각의 흐름으로 뒤엉킨 생각을 정리할 수 있다.

네 번째로, 독서가 힘든 이들은 독서를 안 하는 것인지, 못 하는 것인지, 아니면 하고 싶어도 할 수 없는 것인지 스스로에게 물음을 던져 보아라. 아마도 그것은 다름 아닌 독서를 할 수 있는 생각의 힘이 약하거나 없기 때문이다. 그 힘은 독서를 통해 형성된 논리회로에서 나오는 힘이다. 그러니까 독서를 위한 논리회로를 만드는 것이 중요하다. 그렇다고 논리회로가 독서습관을 통해서 만들어진 이들만큼 책을 읽으라는 뜻이 아니다. 책을 몇 권을 읽었느냐가 중요한 것이 아니고 책의 내용이 주는 메시지가 무엇인가를 찾을 때까지 읽는 것이 중요하다. 단, 읽을 때는 눈이 중심이 되어 읽는 것이 아니라 논리적인 생각의 흐름의 바탕 위에서 인식하는 것이다. 조금 더 욕심을 낸다면 읽었던 내용을 다른 사람에게 거침없이 논리적으로 이야기할 수 있을 정도로 읽는 것이다. 그러면 독서를 하는데 필요한 생각의 힘이 빠르게 생기는 것은 물론 독서에 필요한 논리회로도 빠르게 형성된다.

2. 건강한 체력에서 분출되는 생각의 힘

사람은 누구나 자신이 이루고자 하는 꿈을 이루어 행복한 삶을 얻기 위해 쉼 없이 노력한다. 자신이 꿈꾸는 세상을 성취하기 위해 필수 전제조건은 바로 건강이다. 그러니까 건강이 뒷받침되지 않는다면 아무리 큰 꿈이 있다고 하더라도 한낱 희망사항에 불과할 것이다.

'건강한 몸에서 건강한 생각이 나온다.'는 말이 의미하듯 건강해야만 활력이 넘치는 에너지를 발산할 수 있고, 그 에너지는 집요함을 뒷받침하여 공부에 집중할 수 있도록 할 것이다. 그런데 만일에 몸이 건강하지 못하다면 그 몸에서 나오는 에너지는 약해서 집요함을 떠받치지 못해 집중력을 발휘할 수 없을 것이다. 비록 의지를 앞세워 공부를 한다고 하더라도 공부한 내용을 오랫동안 기억하지 못하고, 기억 속에 남아 있는 지식들도 부실하고 부정확한 지식이 될 것임에 틀림없다.

정신노동인 공부는 다른 어느 노동보다 정신적으로 사용하는 에너지양이 많은 중노동이다. 그 에너지는 건강한 육체에서 분출되어 나오는 것이라야 한다. 그래야만이 활력이 넘치는 에너지로써 두뇌의 활동을 활발하게 해 줄 것이다. 그리고 이럴 때 하는 공부만이 집요함을 발휘하여 버티면서 논리적인 사고를 하여 응용력을 발휘할 수 있다. 논리적인 사고로 이해를 하고 응용력을 발휘했던 지식이기 때문에 오랫동안 기억을 하는 것은 물론 관련된 것에 잘 동원되고 활용될 수 있다.

건강한 체력에서 나오는 에너지로 만들어진 생각의 힘은 지칠 줄 모른다. 그리고 그 힘은 꿈을 이루고자 하는 실천 의지와 합해져 어떤 어려움이 닥쳐도, 슬럼프가 찾아와도 좌절하지 않고 헤쳐 나아간다. 이것이 바로 건강한 체력에서 나오는 생각의 힘이 아니겠는가?

의지의 소리 표상인 실천

약속 이행을 잘하는 것이야말로 자기를 성장하게 하는 근본 중에 근본이다. 약속을 하고 잘 지킬 수 있는 것은 능력이자 의지의 소리의 표상이다. 약속에는 두 가지가 있다. 타인과 하는 약속과 자기 자신과 하는 약속이다.

문명이 발달하면 할수록 경쟁이 격화되어 상대방에 대한 생각을 소통의 대상이라기보다는 경쟁의 대상으로 여겨 불신은 커진다. 어느 누구 하나 의지할 곳이 없어지는 시대에 살아가는 오늘날 타인과 약속이든 자신과의 약속이든 성실하게 이행함으로써 상대방에게 신뢰를 주고 자신에게는 자존감을 높여 준다. 그렇지 못하게 되면 불신의 대상이 되고, 무기력에 빠질 수 있다는 점을 경계해야 한다.

약속을 성실하게 지켰을 때를 생각해 보라, 전자는 상대방에게 믿음과 신뢰를 줌으로써 자존감을 높이고 상대방과 좋은 관계를 형성하게 되어 활동영역을 넓힐 수 있고, 후자는 내적 성실성을 갖추기 시작하고 자신의 큰 꿈을 이룰 수 있는 자신감을 갖게 되고, 자신의 능력을 믿게 되고, '할 수 있다.'는 용기를 얻는다.

약속 이행을 잘하는 사람은 다음과 같은 특징이 있다.

① 자신의 언행에 자신감이 있다.
② 자신을 사랑할 줄 알고 상대방을 사랑할 줄 안다.
③ 목적의식이 뚜렷하여 공부도 항상 열심히 하여 좋은 성적을 얻는다.
④ 핑계 거리를 구실 찾아 합리화하지 않는다.

약속을 지키지 못했을 때도 생각해 보라. 전자는 상대방과 신뢰관계에 손상이 가게 되어 믿음을 주지 못해 좋은 관계를 형성하지 못한다. 결국 자신의 활동영역을 좁히는 결과를 가져오게 된다. 후자인 경우는 전자와는 비교가 안 될 정도로 약속을 이행하기가 어렵다. 그 이유는 자신과 한 약속이어서 맘만 먹으면 언제든지 약속을 깰 수 있기 때문이다. 자신을 제외한 어느 누구도 알고 있지 않고 이행하지 않았다고 하여 누구도 비난하지 않는다. 그리고 자신의 생활을 직접적으로 통제하는 수단이어서 벗어나려고 하는 내면의 소리가 끊임없이 유혹을 한다. 그러면 의지의 소리는 내면의 소리를 이기지 못하고 손바닥 뒤집듯이 쉽게 약속을 깬다.

유혹을 이기지 못하고 자신을 합리화를 하면서 밥 먹듯이 약속을 이행하지 않다 보면 자신을 믿지 못하는 상황에 이른다.

약속을 잘 이행하지 않는 사람은 다음과 같은 특징이 있다.

① 자신이 한 언행에 대해 사소한 핑계 거리만 있어도 그것을 구실 삼아 변명을 한다.
② 뻔히 알 수 있는 것임에도 불구하고 구차하게 변명을 한다.
③ 해야 할 일은 하지 않고 피하려고 한다.

앞에서도 말한 바와 같이 자신과 약속을 성실하게 지키는 것은 자신의 생활을 직접적으로 통제하여 절제할 수 있도록 하는 방법이기도 하다. 약속을 지킴으로써 게으름 탈피하고 성실하게 하여 주고, 자신의 능력을 믿게 하고, 뭐든지 할 수 있다는 자신감을 갖도록 하여 준다. 그리고 이행하는 과정에서 자신이 부족한 점을 찾아 채울 수도 있고, 개선해야 할 것이 있으면 개선할 수 있다. 또, 자신에게서 바꾸거나 버려야 할 것이 있으면 버려서 하는 일을 보다 효율적으로 이행할 수 있다.

. PART 4 .

공부를 위해 반드시
갖추어야 할 것

언어영역

언어영역을 잘하는 이들의 이야기

"언어영역을 공부할 때 무엇보다 중요하고 기반이 되는 것은 풍부한 어휘이고, 이들의 뜻을 정확하게 이해하고 있어야 한다. 그럴 때 생각의 흐름이 끊기지 않고 문맥과 어울리는 의미를 빠르게 생각하여 이해할 수 있다. 만약에 글을 읽다가 모르는 어휘를 접하면 반드시 뜻을 찾아 메모를 하고 암기를 한다. 어쩌다 귀찮아서 모르는 어휘를 그냥 지나치려고 하면 마치 이쪽에서 저쪽으로 강을 건너려고 할 때 다리가 없어 건널 수 없는 것처럼 논리적인 생각의 흐름이 끊겨 내용을 이해할 수 없어 마음이 답답해지면서 짜증이 밀려오는 순간 집중이 흐트러져 더 이상 읽을 수 없다.

생각해 보라. 읽고 싶은 책을 읽기 시작하였는데 이해할 수 없는 어휘 몇 개 때문에 읽지 않고 포기한다는 것은 생각조차 할 수 없는 일로 반드시 어휘를 찾아 해결을 한다. 이런 노력의 결과로 어휘도 많이 알고 독서량도 많아 자연스럽게 독서습관이 형성되는 것은 물론 속독도

할 수 있어 언어영역 시험을 위해 크게 걱정하지 않는다."는 것이다.

언어영역을 힘들어하는 이들의 이야기

우리말로 구성된 글인데도 읽다 보면 모르는 어휘가 많아 글의 내용을 이해를 잘 못하는 것 같다. 모르는 어휘가 있으면 내용을 이해를 하기 위해 단어를 찾아야 한다는 것을 알면서도 귀찮고 습관이 되지 않아 대수롭지 않게 생각하고 그냥 넘어간다. '이슬비에 옷이 젖는다.'는 속담에서 말해 주듯이 얼마 지나지 않아 글의 흐름이 끊겨져 무슨 내용을 읽고 있는지 모른다는 것이다.

어휘를 풍부하게 만드는 일은 근면하고 성실하면 얼마든지 짧은 시간에 극복할 수 있으니까 우리말이라고 하여 가볍게 여기지 말고 모르는 어휘를 접하면 영어 단어장 만드는 것처럼 만들어 반드시 메모를 하고 암기를 하여라.

1. 독서 목적이 다르다

언어영역을 잘하는 이들의 이야기

"언어영역을 공부할 때 가장 큰 힘이 되었던 것은 어려서 책을 읽으면서 형성된 내용에 공감하는 힘, 공감을 하면서 읽음으로써 낯선 어휘들도 내용에 맞게 이해할 수 있는 힘과 모르는 어휘를 접했을 때 자주 지나치면 공감의 힘도 떨어지고 집중을 무너뜨리기 때문에 반드시 뜻을 찾아 메모를 하고 암기를 한 덕분에 풍부한 어휘인 것 같다. 물론,

나도 어휘의 뜻을 찾는 것이 귀찮아서 그냥 지나치고 싶을 때도 많았다. 그렇게 하면 마치 이쪽에서 저쪽으로 강을 건너려고 할 때 다리가 없어서 건널 수 없는 것처럼 논리적인 생각의 흐름이 끊겨 내용을 이해할 수 없는 것은 물론 공감할 수 없어 답답했던 적이 몇 번 있었다. 그런데 하물며 읽고 싶은 책을 보는데 이해할 수 없는 어휘로 말미암아 중간에 답답한 상황을 마주하는 것은 생각조차 할 수 없는 일로 반드시 어휘를 찾아 해결하였다. 이런 것들이 어휘를 풍부하게 만들었고, 자연스럽게 독서습관이 형성되면서 속독까지 할 수 있게 되었다. 그래서 언어영역 시험에 대해 크게 걱정되지 않는 것 같다고 생각한다."는 것이다.

언어영역을 힘들어하는 이들의 이야기

"독서를 하면서 느끼는 즐거움이나 내용을 알고 싶어서 독서를 하는 것보다는 빠르게 읽고 내용을 파악하는 연습을 하여 성적을 올리기 위해서 읽는다. 읽게 된 책도 자신이 스스로 어떤 책을 읽겠다고 택한 경우는 거의 없고 읽어 보라는 추천을 받았던 책이다. 그럼에도 불고하고 책을 보면 가장 먼저 확인하는 것은 책의 분량이다. 분량이 많으면 언제 다 읽지? 이 책을 읽는다고 해서 성적에 도움이 될까? 막연한 지루함 그리고 거부감과 같은 부정적인 생각이 밀려와 읽어도 몇 쪽 읽지 못하고 거의 대부분 읽는 것을 포기한다."는 것이다.

2. 책 내용을 대하는 자세가 다르다

언어영역을 잘하는 이들의 이야기

"문학작품을 읽을 때는 작품의 상황을 떠올리며 등장인물이 주고받는 대화에 공감하면서 때로는 감성을 기르기도 하고 때로는 등장인물들 간에 일어나는 갈등을 판단하면서 감성으로만 흐르는 것을 이성으로 막기도 하면서 읽는다. 비문학을 읽음으로써 지식이 쌓이는 즐거움에 더불어 글의 구성을 습득하게 되고 문자로 이루어진 텍스트에 익숙해져 속독하면서도 정확하게 이해할 수 있어서 제법 긴 지문도 어렵게 보이지 않아 시험 기간이 부족할까 봐 불안해한 경험은 거의 없다.

한편, 책을 읽다가 생각지 못한 상황으로 내용의 흐름을 놓치면 흐름을 이어 가기 위해 흐름을 놓친 부분을 찾아서 다시 읽거나 아니면 처음부터 다시 읽어 흐름을 찾아낸 다음에 읽는다. 그렇지 않으면 이야기의 흐름이 어떻게 흘러가는지 알 수 없어 더 이상 읽을 수가 없기 때문이다. 이런 과정을 반복하면서 책을 읽는 방법은 물론 속독을 하면서도 내용 파악을 잘할 수 있었던 것 같다."는 것이다.

언어영역을 힘들어하는 이들의 이야기

"어려서 짧은 이야기로 구성된 동화책을 읽은 것 이외에는 거의 없는 것 같다. 시간이 흐르고 학년이 올라가면서 언어에 대한 공부보다는 주변에서 이구동성으로 말하는 영어, 수학을 주로 공부하게 되었다. 국어는 우리말이니까 언제든지 열심히 하면 잘할 수 있다는 착각을 하고 크게 신경을 쓰지 않았던 것 같다. 어휘도 부족하고 어휘를 문맥 속에서 이해하는 것도 부족한 결과를 초래하였다. 그 결과 내용을 이해하기 어려운 상황이 발생하면 답답해지면서 내용의 흐름을 놓치게 된다. '무슨 내용일까? 어디서부터 다시 읽어야 내용의 흐름을 찾을 수 있을까? 오늘은 그만 읽고 다른 공부할까?'라는 생각이 드는 순간 남은 부분은 다시 읽지 않고 그만 읽는다. 이런 식으로 끝까지 읽은 책은 거의 없다. 독서의 부족으로 독해능력이 부족하다는 것을 깨닫게 된 것은 고등학교 1학년 때 실시하는 전국모의고사를 보면서였다."는 것이다.

이들의 이야기에서 말해 주듯이 언어영역이 보통 수준인 이들의 70% 이상이 고등학교 1학년 1학기 때까지 국어학습에 있어 가장 중요한 학습교재에 대한 질문에서 교과서를 꼽는 데 주저함이 없다. 반면에 언어영역을 잘하는 이들은 교과서 이외에 교양서적에 대한 독서를 중요하게 여겼다. 학교 교과서를 우선시하는 이들은 교양 관한 책을 읽을 때도 시험 볼 때 교과서를 오늘은 몇 단원 내일은 몇 단원을 나누어 시험 준비하듯이 읽을 책의 전체 쪽수를 며칠 동안 읽을 날수로 나누어 읽으려고 쪽수를 정한다. 반면에 언어영역을 잘하는 이들은 책 내용의 흐름이 끊기지 않도록 상황이 허락하는 멈추지 않고 읽는다.

언어영역을 힘들어하는 이들이 해결하고 싶은 고민

① 책을 읽기 시작한 지 얼마 지나지 않아 주변에서 일어난 일들이 의지와는 상관없이 찾아와 생각의 중심을 어지럽혀서 생각의 중심이 흩어지게 되면 읽었던 내용과 잡념이 뒤섞여 더 이상 책을 읽을 수 없

도록 하는 것이 가장 힘들다. → 잡다한 생각이 찾아와 책 읽는 것을 방해하는 것이 아니라 평소에 아무런 의미 없는 사소하고 하찮은 것들을 끌어들여 의미를 부여하고 거기에 가지 치면서 생각하는 습관 때문이다. 습관으로 형성된 강한 생각의 흐름의 관성의 힘에 의해 잡다한 생각을 하게 되는데 마치 잡념이 의지와 상관없이 찾아와 생각의 중심을 무너뜨려 더 이상 읽을 수 없게 만드는 주된 원인처럼 착각을 하게 만든다. 그러니까 잡다한 생각을 하려는 순간 마음속으로 "쓸데없는 생각을 하는 것은 부질없다."고 외치고 또 외쳐 습관을 단절하는 생각의 흐름을 만들어라. 그리고 한 권의 책을 읽는 데 의미를 두지 말고 내용에 공감하여 독서의 즐거움을 얻는 데 생각의 중심을 두고 읽어라. 그러면 습관적 사고가 전환되어 생각의 중심이 흔들리지 않고 집중하여 내용에 공감할 수 있고 독서능력도 향상될 것이다.

② 읽었던 내용의 흐름을 논리적으로 유지한 채 계속 읽으려고 하면 논리적인 흐름을 유지해야 한다는 부담감이 압박감을 주어 집중하여 읽을 수가 없다. → 어떻게 보면 의욕이 자신의 독서능력에 맞도록 대처하는 것보다 앞서기 때문이다. 독서는 내용에 공감하려는 생각이 무엇보다 중요하다. 하지만 잘 읽어 보려는 의욕이 앞서는 순간 자신의 주관적 생각이 개입되어 사고의 유연성을 잃고 경직되어 논리적인 흐름이 방해를 받는다. 그러면 자신의 개입된 생각과 책 내용이 뒤섞여 내용의 흐름이 뒤죽박죽되어 더 이상 읽을 수 없게 된다. 그러니까 의욕을 앞세워 자신의 생각을 개입시키지 말고 공감하려는 생각을 길러라.

③ 모의고사나 수능 문제처럼 장문의 지문이 주어지면 한정된 시간에 읽고 내용을 파악하여 답을 찾는 것이 너무 어렵다. 긴 지문을 보면 지문을 읽기도 전에 막연한 거부감 때문에 마음이 답답해져 집중을 못해 내용을 파악할 수가 없어서 언어영역을 잘하는 친구들에게 어떻게 그렇게 잘할 수 있냐고 물어보면 "처음 보는 지문이라 할지라도 조금만 읽어 보면 익숙하게 느껴지고 어떤 분위기의 내용인지 감각적으로 알 수 있다."고 말한다.

그런데 나는 초등학교를 입학한 후 동화책 읽은 것을 빼고 교과서 외에 책을 읽은 기억이 거의 없다. 그 결과 어휘가 부족하여 모르는 단어를 문맥에 맞는 의미 해석이 어렵고, 독해능력이 부족하여 내용에 대한 공감하는 힘이 부족하다. 그래서 언어영역에 대한 두려움이 잠재의식처럼 있다. 어떻게 해야 독해능력을 향상시킬 수 있을까? 걱정이 앞선다. 무엇보다 먼저 내용에 공감하려는 생각을 가져야 한다. 그 다음으로 독서를 위해 책을 선택할 때 쪽수가 많지 않으면서도 읽고 싶었는데 읽지 못했던 책을 선택하는 것이 좋다. 그래야만 내용에 쉽게 공감할 수 있어 집중력을 잃지 않고 끝까지 읽을 수 있다. 그리고 독서를 잘하고 있는지 확인하기 위해 언어영역의 문제 풀이를 지속적으로 하여야 한다.

독해능력이라는 것이 몇 권의 책을 읽고 문제 풀이 좀 하였다고 하여 눈에 띄게 향상될 수 있는 것이 아니라는 것도 명심하고 꾸준히 노력을 해야 한다. 그렇지 않으면 독해능력은 생각보다 훨씬 더 더디게 진행될 것이다.

그러니까 언어영역에서 좋은 성적을 얻기를 원한다면 끈기를 가지고 노력하면 할 수 있다는 확고한 신념이 있어야만 가능하다. 모든 공부가 그렇듯 기초지식이 필요한 것처럼 언어영역도 풍부한 어휘 실력이 있어야 한다. 따라서 모르는 어휘는 반드시 사전을 찾거나 검색을 하여 메모를 하고 문맥 속에서 이해하여 암기를 할 때만이 풍부한 어휘 실력을 갖출 수 있다.

영어

영어가 모국어가 아닌 사람이 영어를 공부하는 주된 목적은 영어로 상대방과 의사소통을 하는 것이고, 또 다른 목적은 명문 대학 진학을 위해, 직장 취직을 위해 공부를 하는 것이다. 목적 달성을 위한 첫걸음은 풍부한 어휘를 암기하는 것과 영어 회화 듣기를 열심히 하는 것이다. 단어는 가능하면 파생어를 제외한 기본적인 필수 단어 2000개에서 4000개 정도를 암기를 한다. 어휘 뜻에 표시되어 있는 품사가 있다. 품사는 그 어휘가 어떤 용도로 쓰이는가를 알려 주는 표시이다. 따라서 품사의 정의와 역할을 정확하고 확실하게 이해를 하고 암기를 하면 영어를 할 수 있는 기본적인 문법이 완성된다. 다음 단계로 독해를 하면서 모르는 단어를 접했을 때, 우선 문맥에 맞게 논리적으로 해석을 한 다음 어휘를 사전에서 찾아 암기를 하고 반드시 다시 해석을 하여라. 그러면 암기한 어휘의 뜻과 쓰임새를 오래도록 기억할 수 있을 것이다. 바로 이 시점부터 본격적으로 영어를 잘하고 못하고의 차별화가 시작된다. 그 이유는 독해를 한 다음 모르는 어휘를 찾아 메모를 하여 암기를 한다는 것은 실천적 의지가 강하지 않는 한 실행하는 일은 결코 쉬운 일이 아니다.

문법은 품사의 정의와 역할을 정확하게 이해하고 있다면 이들을 제외한 나머지 문법은 해석할 수 있는 정도의 기본적인 것만 알고 영어에 관련된 책을 많이 읽으면 어렵지 않게 영어를 잘할 수 있다.

영어에서 가장 중요한 것은 대화이고 대화에 대한 상식은 "들을 수 있어야 말을 할 수 있다."는 것이다. 대화를 위해 영어를 모국어로 하는 현지에 가서 직접 체험을 하고 문화를 익히면서 배울 수 있으면 두말할 나위 없이 좋지만 누구나 그렇게 할 수 있는 것은 아니다 직접 체험하지 않고 가장 효율적으로 영어를 잘할 수 있는 방법이 "어휘를 많이 암기를 하고 내용을 알고 있는 영화를 자막 없이 보는 것이고 영어로 된 픽션을 많이 읽는 것이다."라고 영어를 잘하는 이들의 한결같은 이야기다. 또, AFKN을 시청하거나 CNN뉴스를 시청하면 듣기에 효과도 있고 국제정세를 파악하는 데 도움이 된다고는 하지만 CNN 같은 경우는 다국적 방송이라 여러 나라 특파원들의 발음이라 듣기도 어렵고 재미도 없다. 그래서 듣기를 위해 방송을 시청한다면 익숙한 외모를 가진 인물들이 출연하고 그리고 발음도 정통 미국식 발음을 하는 한인 2세들로 구성된 아리랑 TV를 시청하는 것이 더 좋다고 하는 이들도 있고 권하는 친구들도 있다.

수학

1. 문제 앞에 당당하기

우리는 수학을 잘하기 위해 갖은 노력을 한다. 학교 수업 외에 학원, 개인 과외, 학습지 2중 3중으로 공부를 한다. 그럼에도 불구하고 대부분은 학년이 올라갈수록 수학 앞에서 작아져 간다. 왜냐하면 수학을 당당하게 마주하는 학습을 하기보다 조금만 실수를 하거나, 머뭇거리거나, 틀려도 "지금까지 답을 구하지 않고 뭐하고 있니? 이해할 수 없니? 그런 식으로 접근을 하니 답을 구할 수 있겠니?"라는 듣지 않아도 되는 말을 마주하기 때문이다. 이는 수학을 접하는 데 있어서 심각한 문제점이다. 이런 말을 마주하는 순간 심리적으로 위축되고, '내가 정말로 수학에 대한 능력이 부족한 것일까?' 생각을 하게 한다. 그리고 쉽게 풀리지 않은 문제를 접할 때마다 위와 같은 말을 듣거나 들었던 말이 떠오르면서 자신의 의도와는 다르게 수학이 어렵다는 잠재의식이 만들어지고 그 의식으로부터 빠져나오지 못한다.

생각해 보라. 어떤 학습자든 실수할 수도 있고, 머뭇거릴 수도 있고,

틀릴 수도 있는 것은 당연한 것 아니겠는가? 그러니까 듣지 않아도 될 말을 듣기 전에 이해할 수 있도록 당당하게 설명을 요구할 수 있어야 한다. 그래야만이 우리가 문제를 당당하게 마주하면서 설명을 들을 수 있는 최소한의 조건이라면 조건일 수 있다.

그런데 우리 스스로가 문제를 당당하게 마주하지 못하는 이유는 학습했던 개념적 지식을 기억하지 못하거나, 알고 있는 지식을 끝까지 적용하고 활용하는 훈련이 되어있지 않기 때문이기도 하다. 예를 들어, 논리적인 생각으로 관련된 지식을 적용하고 활용하는 집요함이 부족했든, 대충하는 학습습관으로 지식을 부실하고 부정확하게 만들었든, 관련된 지식을 끌어와 적극적으로 적용하고 활용하려는 의지가 약하든, 어떤 경우든 자신의 지식으로 만들지 못해서 나타난 것으로 자신의 책임이 크다 할 것이다.

잠재의식으로 만들어진 '수학은 어렵다. 수학을 못한다.'는 선입견에 한번 갇히면 마치 '자라 보고 놀란 가슴 솥뚜껑 보고 놀란다.'라는 속담처럼 문제를 읽기도 전에 자신의 주관적이고 부정적인 생각인 '어렵다. 풀어 본 경험이 없다. 읽어 봐도 무슨 뜻인지 알 수 없다.'는 감정에 빠져 헤어나지 못하게 된다. 그래서 결국 풀 수 없다는 생각이 조금이라도 머릿속을 스치는 순간 생각이 경직되어 논리적이고 이성적인 생각을 못 한다. 그래서 적용 능력 구분 분별 능력이 떨어져 문제를 읽어도 무슨 뜻인지 몰라 개념을 적용할 수 없는 상황에 이르게 된다. 하물며 기억의 방에 들어 있는 개념적 지식을 꺼내올 생각조차 못 해 사용해 보지도 못하고 결국 포기한다.

  그렇다면 부정적인 선입견으로 생긴 심리적 위축을 어떻게 벗어날 수 있을까?

  생각보다 간단하다. 선입견을 떨치기 위해 무엇보다도 중요한 것은 개념적 지식을 적용하고 활용하여 식을 만들 때까지는 자신의 주관적인 생각을 개입시켜서는 안 된다. 개입이 되는 순간 선입견이 떠올라 논리적인 사고가 방해되어 지시적 의미를 따라가는 것도 어렵게 된다. 그렇다면 자신의 생각이 개입될 타이밍은 어느 때일까? 개념적 지식을 적용할 때와 연산연립할 때. 생각하는 과정을 살펴보면 '무엇을 하기 위한 생각인지? 그 생각이 문제와 관련이 있는 개념적 지식인지? 관련이 있다면 식을 만들 수 있는 것인지? 식을 세웠다면 그 식이 문제와 관련이 있는지? 다른 식과 연립할 수 있는 식인지? 풀이를 위한 행위를 할 때는 무엇을 위한 행위인지?'와 같은 일련의 생각을 거쳐서 답을 구한다.

  행여 개념적 지식이 부족하더라도 걱정할 것 없다. 수학의 개념은 정해져 있고 많지 않다. 그리고 개념적 지식은 상호 관련성을 가지고 있기 때문에 하나의 개념을 설명하면서 관련된 개념을 설명하지 않을 수 없다. 그러니까 그때그때 개념들을 메모하고 메모한 것을 복습하여 암기상태에 이르도록 하여라. 그리고 암기상태가 된 지식을 적극적으로 활용하여 효율을 높여 시간을 절약하면 결코 늦지 않다.

  또한, 문제와 관련된 지식이 비록 실오라기만 한 지식이라 할지라도 쫄지 말고 그 지식을 다 활용할 때까지 과감하게 덤비고 버티는 것이 용기이고 수학을 못한다는 선입견으로부터 벗어날 수 있는 최고의 방법이다. 이 과정에서 부족한 지식이 무엇인지, 어떻게 접근해야 하는지와 같은 지식을 얻을 수 있을 뿐만 아니라 무엇보다 중요한 집중력과 집요함의 바탕이 되는 생각의 힘도 기를 수 있다.

2. 개념적 지식의 역할

개념(槪念 : 하나의 사물을 나타내는 여러 관념 속에서 공통적이고 일반적인 요소를 추출하고 종합하여 얻은 관념)의 정의가 말해 주듯 관련된 문제에는 모두 적용할 수 있는 원동력이 되고, 생각을 싣고 나르는 생각열차와 같다. 마치 이쪽에서 저쪽으로 날아가고자 할 때 비행기나 행글라이더와 같은 역할을 하고, 강을 건너고 싶을 때 다리나 배와 같은 역할을 한다. 이들이 이동할 수 있도록 해 주는 것처럼 개념적 지식은 생각의 흐름을 논리적으로 흐르도록 하여 문제를 해결할 수 있게 하는 토대 중에 토대가 되는 매우 중요한 지식이다.

그러니까 생각의 흐름이 막히거나 방해를 받으면 어떻게 하든 답만 구하려고 안간힘을 쓰지 말고 생각의 흐름을 흐르도록 하여 주는 개념적 지식을 끌어와 생각의 흐름을 만들어 문제를 해결하도록 하여라. 반대로 생각의 흐름을 싣고 달리는 개념적 지식인 생각열차가 없다고 생각해 보라. 이동수단이 없을 때 이동할 수 없듯이 접근할 수 있는 생각의 흐름이 없어 문제를 해결할 수 없는 것은 당연한 것 아니겠는가? 이렇게 말하면 되받아서 꼭 묻는 말이 있다. 문제에 어떤 개념을 적용해야 할지를 모르겠다는 것이다. 그러면 적용하려고 하는 개념은 있는 지? 알고 있다고 생각하는 개념은 무엇인지? 생각해 보라고 한다. 사실, 이들은 개념적 지식이 없거나 있다고 하더라도 정확하게 알고 있지 않으면서도 적용할 개념을 있는 것처럼 착각을 하고 있는 경우가 대부분이다. 다음 두 가지가 이들을 착각을 하게 한다. 하나는 개념적 지식이 있다고 하더라도 부실하고 부정확하다. 그래서 이들 지식은 마치 이동수단이 제 역할을 못 해 이동할 수 없는 것처럼 생각의 흐름을 논리적으로 흐르도록 하지 못해 생각을 우왕좌왕하게 하여 어떤 지식을 적용해야 할지를 판별하지 못하게 한다. 문제는 이 순간을 놓치지 않고 '어떻게 하지? 어떻게 접근을 했더라.'라는 감정적인 판단이 개입하게 된다는 것이다. 그러면 이들 잡념은 여지없이 생각의 중심을 파고들어 집중을 무너뜨린다. 또 다른 하나는 개념적 지식을 정확하고 확실하게 알고 있다고 하더라도 자주 적용해 보지 않아 적용하여 가는 과정에서 생각대로 적용되지 않아 답답함을 느낀다. 그러면 생각의 힘이 약한 이들은 생각을 더 이상 진행시키지 못하고 포기한다. 우리는 이런 상황을 헤아릴 수 없이 마주하면서도 생각과 행위를 개선하지 않는다.

어떻든 좋은 성적을 얻어 성공의 문턱을 넘어서기를 원한다면 개념적 지식을 단순히 이해하는 정도에서 머무르지 않고, 그 지식이 직관 상태가 되도록 암기를 한다. 그리고 그 지식들을 자주 활용하여 응용력을 갖도록 한다. 그렇게만 한다면 자신이 생각하였던 것보다 빠른 시간 내에 좋은 성적을 얻어 성공의 문을 통과할 수 있을 것이다.

3. 경험적 지식의 역할

경험적 지식은 개념적 지식처럼 정의되어 있거나, 정리되어 있는 지식이 아니다. 개념적 지식을 해석하여 적용하고, 변형하여 적용하고, 때로는 많은 시간과 노력을 들여 구체화를 반복하는 과정 중에 답을 구할 수 있는 지식이다. 한마디로 말해서 개념적 지식은 누구에게나 같지만 경험적 지식은 개인마다 차이 있는 자신만의 무척 소중한 지식이다.

선생님의 경험적 지식은 수년 동안 공부하여 가르치지만 많은 시행착오를 거치면서 정교하게 만들어진 지식이다, 그뿐이겠는가? 때로는 답변하기 어려운 질문에 답을 하면서 다듬어지고 다듬어진 지식이다.

장인이나 명인이 되기 위해 노력한 이들이 이구동성으로 말한 공통된 이야기는 혼자만의 노력으로는 이루어 낼 수 없어 그 기술을 보유한 스승을 찾아 배우기 위해 천리 길도 마다하지 않고 찾아갔다는 것이다. 그 이유는 단 하나 스승이 보유한 경험적 지식을 학습하기 위한 것이었다는 것이다.

공부도 마찬가지다. 해외 유학을 가서 공부한다든지, 강의를 잘하는 선생님의 강의를 찾아 듣는 것도 그 선생님의 노하우가 들어 있는 경험적 지식을 학습하기 위한 것이다.

개념적 지식이 생각의 흐름을 싣고 달리는 수레라면, 경험적 지식은 수레를 어떻게, 어떤 방식으로 다루어야 힘을 적게 소모면서도 쉽고 빠르게 목적지 도달할 수 있도록 하는 자신만의 노하우가 있는 지식이다. 공부에서 경험적 지식도 마찬가지다. 문제나 내용과 관련된 지식을 끌어와 생각의 흐름을 어떻게 어떤 방식으로 논리적으로 잘 흐르도록 하여 빠르고 정확하게 답에 이르도록 하는 지식이다. 한마디로 말해 경험적 지식은 개념적 지식을 바탕으로 만들어진 최고의 노하우가 있는 지식이라는 뜻이다.

그 결과 수학 실력의 차이는 개념을 이해하는 방식의 차이, 이해한 개념을 기억하는 시간의 차이, 학습한 지식을 동원하여 응용하는 차이, 몇 개의 개념을 이용할 때 각각의 개념들을 동원하여 논리적인 관계를 맺도록 하는 차이다. 이들을 어떤 방식으로 어떻게 답에 이르게 할 것인가를 쉽고 빠르게 이끌어 주는 경험적 지식이 큰 차이를 만들어 내는 데 가장 많은 영향을 준다.

그렇다면 경험적 지식을 어떻게 하여 쌓을 수 있을까?

간단하다. 구체적이고 꼼꼼하게 메모를 한다. 설명을 들으면서 설명 내용을 빠뜨리지 않고 메모를 하는 것은 어렵기 때문에 설명을 들은 직후 기억이 생생할 때 다시 풀어 보면서 메모를 보충하여 기억을 보강할 수 있도록 한다. 확인하는 복습을 하여 자신의 지식으로 만든다.

이 과정에서 어느 하나라도 소홀했을 때, 조금만 시간이 지나도 설명 내용이 기억 속에서 흐릿해져 선생님의 소중한 경험적 지식을 놓친다.

생각해 보라. 개념을 적용하는 것만으로 접근하기 어려운 문제인데 선생님의 설명 내용에 대한 기억도 어렴풋하고, 메모한 것도 부실한 상태라면 어떨까? 아마도 문제를 읽기 전부터 심적 압박으로 '어떻게 풀지? 풀 수 있을까?'라고 내면에서 소리가 들려올 것이다. 심리적으로 주눅이 들면 문제를 접근하는 순서인 지시적 의미에 따라 식을 만든 다음 자신의 생각을 개입시켜 적극적이고 집요하게 연산연립을 해야 할 순서가 뒤바뀌게 되어 압박받은 생각이 지시적 의미를 따라가는 것도 힘들게 만들어져 몇 번을 반복해서 읽어도 이해하지 못한다.

물론, 학습자마다 문제를 대하는 정신적 심리적 자세, 집중의 정도에 따른 생각의 흐름의 세기가 다르고, 집요함, 집중력, 지식의 정도에 의해 생기는 생각의 흐름의 세기가 다르기 때문에 일반적으로 말하기는 어렵다. 어떻든 문제와 관련된 지식이 정확하지도 확실하지도 않으면 심리적으로 위축된다. 심리적으로 위축이 되면 생각의 흐름의 방해를 받는다. 그러면 생각은 논리적인 사고를 할 수 없게 됨으로써 문제를 접근하는 생각의 순서가 바뀌어 이것저것 조금씩 막연하게 생각해 보다가 포기하게 된다.

열심히 문제를 많이 풀다 보면 자연스럽게 쌓을 수 있다고 하는 이들도 있다. 그런데 문제와 관련된 배경지식을 자신의 것으로 만들어 활용하면 응용력을 높이고 시간을 효율적으로 이용할 수 있다는 사실을 간과하고 있다. 선생님의 경험적 지식으로 자신의 것으로 만들려는 문제 삼지 않고 단지 자신의 성실하게 공부하지 않은 것만을 문제 삼는다. 그렇다고 하여 열심히 공부하는 것도 아니고 막연하게 생각만을 하면서도 말이다.

또한, 이들은 설명 내용이 쉽다고 생각이 되면 자신도 알 수 있다고 가볍게 넘기고, 이해가 힘들면 다시 풀어 보면 된다고 생각한다. 그런데 구체적으로 공부를 어떻게, 어떤 방식으로, 얼마나 계획을 세워 실천한다는 것도 아니고 막연하게 열심히 하면 상대방처럼 할 수 있다는 생각만으로 그친다.

다시 말해 결과가 좋지 않을 때는 상대방의 지식을 적극적으로 수용하여 활용하지 못해서 나타난 결과라고 생각하기보다 열심히 공부를 하지 않아서 나타난 결과라고 생각한다.

공부를 힘들어하는 이들은 문제에 대한 경험적 지식을 경험적 지식이라고까지 말하고 어떻게 적용하고 활용하면 빠르고 정확하게 답을 구할 수 있다고까지 알려 주어도 메모를 하는 이는 몇 명에 불과하고 대부분은 듣는 것으로 그친다. 메모를 열심히 하는 이들 대부분도 메모를 활용하는 복습을 하지 않고 메모로 그친다.

그래서 메모를 하도록 지시를 하고, 내용을 암기하도록 강요하면 강요하는 며칠 동안만 기억을 한다. 하지만 기억의 시간의 한계를 지나면 문제 풀이 내용은 고사하고 반드시 기억하고 있어야 할 개념적 지식과 연관된 경험적 지식도 거의 기억 속에 없다.

어떻든 선생님의 설명을 놓치지 말고 적극적으로 메모를 하고 복습하여 자신의 지식으로 만들어라. 물론 자신이 직접 문제를 풀면서 쉽고 빠른 깨달음의 지식일 수도 있고, 선생님의 경험적 지식일 수도 있다. 어떤 지식이든 경험적 지식은 응용력을 높여 줄 수 있는 지식이다. 그러니까 자기주도적으로 만든 경험적 지식이든 선생님의 설명 속에 들어 있는 경험적 지식이든 가리지 말고 자신의 지식으로 만들어 활용하여 공부가 힘들지 않기를….

4. 정확하고 빠른 연산연립

연산은 수학의 출발점이자 마지막이라 할 만큼 답을 구할 때까지 같이 해야 한다. 연산의 생명은 정확성과 신속성이다. 이를 위해 집요함과 집중력이 뒷받침이 되어야 한다. 생각의 중심이 느슨해지거나 흔들리면 여지없이 실수를 한다. 연산을 틀리거나 실수를 하는 것은 단순히 대충해서 순간에 실수를 해서가 아니라 집요함과 집중력을 끝까지 유지하지 못하기 때문이다.

집요함과 집중력을 끝까지 유지하지 못하는 것은 생각의 힘이 약하거나 학습습관이다. 실수를 하거나 덜렁거려 연산 틀리는 것을 반복하면서도 근본적인 원인이 무엇인지 인식하지 못한 채 구실을 삼아 합리화를 한다. 계산을 빠르게 하려고 하니까 실수를 하는 것이고, 정확하게 하려고 하면 속도가 느려진 것뿐이라고 생각하면서 마음만 먹으면 언제든지 틀리지 않고 잘할 수 있다는 생각 같지 않은 생각으로 착각을 하고 고치려는 노력을 하지 않는다. 이는 근본적인 원인을 인식하지 못한 것에서 온다. 집중력과 집요함을 끝까지 유지하지 못하는 원인을 찾아 반복되는 실수를 하지 않도록 해야 한다. 그렇지 않으면 정말로 고치기 어려울 것이다.

　연산 못지않게 중요한 것이 연립이다. 연립은 연산을 바탕으로 논리적인 사고를 해야 하기 때문에 강한 집중력과 집요함을 필요로 하는 수학의 꽃이라 할 수 있다. 연립은 두 식 이상을 상호 논리적인 연관관계를 갖게 하여 차수, 미지수, 식의 수를 줄여 답을 구하는 행위이다. 그래서 문제 풀이 과정에서 대부분의 시간은 여기에 사용한다. 그러니까 연립하고자 하는 식에 대해 미리 생각으로 준비한 다음 접근하면 시간을 크게 절약할 수 있다. 만약에 예측계산을 하지 않거나 정확하고 확실한 경험적 지식이 없으면 연립하는 과정에서 우왕좌왕하게 되어 금쪽같은 시간을 낭비할 수 있다.

　연산과 연립능력의 중요성을 새삼 일깨워 준 이야기를 소개하고자 한다. 시간에 대한 압박, 점수에 대한 압박을 받으면서 시험을 치를 때 내 수학 실력은 어느 정도인지 알고 싶어 노량진에 있는 대형학원에서 재수생을 대상으로 모의고사를 볼 수 있도록 하는 곳이 있어서 시험을 치른 적이 있다. 여기서는 시험감독을 엄격하게 하는 것도 아니고 아르바이트생이 시간이 되면 시험지와 OMR카드를 주는 정도였다. 의자와 책상이 결합되어 있는 책걸상으로 겨우 엉덩이 걸칠 정도의 의자와 책 한 권 놓으면 될 정도의 책상이어서 몹시 불편하였다. 마침 옆자리가 비어 있어서 책가방을 올려놓고 시험 시작한 지 10분 정도 지났는데 재수생이 옆자리로 앉겠다고 하여 책가방을 치워 주면서 생각하기를 차가 막혀 늦게 도착하였구나 생각을 하고 얼굴을 보았는데 청춘의 상징인 여드름이 질서 없이 빼곡하게 나 있었지만. 얼굴은 호남형이었다. 언어영역 시험이 예전과는 다르게 지문이 길어서 숨이 막힐 정도로 힘들어하고 있는데 옆 좌석의 재수생은 끝나기 10분 정도 남겨 놓고 답안지 앞에 놓고 나갔다. 수리영역 시험 시간이 되었는데도 입실하지 않아 책가방을 올려놓고 편하게 시험을 시작하여 5번 풀고 6번을 풀려고 하는 순간에 시험지와 답안지를 들고 들어왔다. 한편으로는 놀랍기도 하고, 또 다른 한편으로는 어처구니없었다. 시험 종료 15분 정도 남았는데 풀이를 다 하였는지 아니면 몰라서 찍었는지 알 수 없지만 나가는 것이었다. 점심시간에 김밥을 먹고 있는데 들어와 앉았다. 그래서 풀이도 하지 않고 찍고 나갔겠지 하는 궁금함을 참을 수 없어서 말을 걸기 위해 김밥을 권했다. 밖에 있는 포장마차에서 간단히 먹고 왔다고 하였다. 또 난이도가 높다고 생각한 문제 몇 개를 풀어 달라고 하였더니 막힘없이 풀고 친절하게 설명까지 해 주었다. 놀람 그 자체였다. 어쩌면 그렇게 수학을 잘한 것도 칭찬할 만한 일이지만 계산을 어떻게 총알 날아가듯이 잘할 수 있냐고 물었더니 나이가 든 내가 안 되어 보였는지 묻지 않은 언어영역에 대한 것까지 곁들어서 하는 말, "언어영역은 책을 많이 읽다 보니까 자연스럽게 속독을 하면서도 풀 수 있게 되었고, 수학은 연산을 어려서부터 계산에 관련된 것들을 많이 하다 보니 빨리할 수 있어서 빨리 풀 수 있다."고 하였다. 상상 이상으로 공부를 잘하는데 무슨 이유로 재수를 하게 되었냐고 물었다. "수능 시험에 실수를 하여 서울대 의대를 낙방해서 준비하는 중."이라고 하였다. 연산능력의 중요성은 두말할 필요가 없었다. 그래서 연산능력을 향상시키는 방법이 무엇일까?에 대한 답을 찾기를 노력한 결과 다음과 같은 결론을 얻었다.

'연산연립을 할 때가 가장 강력한 집요함과 집중을 해야 한다는 것.'

'자신보다 계산을 정확하고 빠르게 하는 사람이 누구를 막론하고 계산방식을 물어 무조건 자신의 것으로 만든다.'

'수 쪼개 쓰기를 하여 약분을 잘할 수 있도록 한다.'

'등호, 비, 분수의 공통적인 특징인 약분을 할 수 있기 때문에 최대한 활용하는 것이다.'

계산을 빨리하기 위한 방법.

· 첫째, 수들끼리 함부로 계산하지 말고 약분을 대기하거나 수의 규칙을 찾는다.

· 둘째, 가능하면 다항식은 곱의 꼴로 변형한다. 보통의 경우는 곱의 형식으로 되어 있는 것을 별생각 없이 전개부터 하지 말고 어떻게 하는 것이 좋을 것인지를 머릿속으로 정리한 다음 접근한다.

· 셋째, 수 쪼개 쓰기다.

   (1) 큰 수를 곱의 형식으로 쪼개어 쓴다. 이렇게 하면 약분하기에 편리하고 방정식으로 된 식의 미지수 값을 구하는 것도 좋다. 큰 수 쪼개어 쓰기 중에 하나가 소인수분해이다.

   (2) 분수를 쪼개 쓰기는 통분되기 이전의 상태로 바꾸는 것이다. 그러면 빠른 속도로 계산을 하게 하여 주기도 한다. 이것을 이용

한 것 중에 하나가 부분분수이다.

(3) 지수 쪼개 쓰기.

(4) 무리수 쪼개 쓰기.

· 넷째, 등호, 부등호, 비 분수는 공통적으로 최대공약수로 약분하여 계산을 빠르게 하거나 최대공약수를 곱하여 원래의 수로 만들어 이용한다. 부등호는 0을 기준으로 대소를 비교하거나 영역을 이용한다.

5. 구체화해 보기

'어떻게 하지? 무슨 뜻이지?'라고 막연하게 생각하는 순간 '어렵다. 모르겠다. 답을 볼까?'라는 생각으로 지배되어 생각의 흐름은 방향을 잃고 더 이상 앞으로 나아가지 못한다. 이것은 평소에 지시적 어휘로 만들어진 문제를 적극적으로 해석하려는 생각, 지시적 어휘를 따라 구체화(일명 노가다)를 하려는 생각이 만들어져 있지 않기 때문이다. 그렇다고 걱정할 것 없다. 이런 사실을 알게 된 이 순간부터 당황하지 말고 과감하게 덤벼 구체화를 하여라. 구체화를 몇 번 하다 보면 논리적인 사고가 형성이 되고 문제가 요구하는 것을 찾아낼 수 있다.

구체화, 별것 아니다. 그렇다고 단순히 수를 대입해 보는 수준의 것이 아니고 집요한 집중력을 바탕으로 개념적 지식을 적용하여 해석에 따라 나타내는 것으로 큰 수를 소인수분해하듯이 작은 수로 쪼개어 수들 간의 관계를 찾는 것, 수들을 나열해 주기나 규칙을 찾는 것, 구체적인 수를 식에 대입하여 논리적 흐름을 찾는 것, 도형으로 만들어 보는 것, 도형으로 되어 있는 것을 좌표평면으로 옮겨 좌표와 그래프를 이용해 보는 것이다.

다시 말해, 구체화를 하는 것은 생각의 흐름이 막혔을 때 생각의 흐름을 찾기 위해서, 또는 이해나 논리적인 생각의 흐름을 돕기 위해서 하는 것이다. 생각의 흐름이 방해를 받거나 막혔을 때 논리적인 생각을 할 수 있게 하는 것은 구체화만 한 것도 없다. 수학을 잘하는 친구들을 보라. 대부분 구체화로 처리한다.

구체화는 적극적 의지인 끈기와 생각의 지구력의 토대 위에서 문제를 어떤 방식으로 표현할 것인가에 대한 이해와 판단, 표현된 것이 문제와 논리적인 관련성이 있는지에 대한 논리적인 사고, 표현한 것들을 구분하고 분별할 수 있는 구분 분별 능력을 만들어 낸다.

따라서 적극적 의지인 끈기로 꾸준하게 노력하여 생각의 지구력을 만들고, 생각의 지구력은 끈기를 만들어 낸다. 이들은 서로서로 에스컬레이터 시킴으로써 자신이 꿈꾸어 오던 꿈을 이룰 수 있게 하는 중요한 자질 중에 하나다. 그래서 구체화를 엄청 강조하는 이유다.

또한, 구체화를 하면서 접근하는 것과 설명을 들은 후에 접근하는 것은 많이 다르다. 당연하다. 설명을 듣고 접근하는 것과는 비교가 안 될 만큼 다르다. 설명을 들은 후에 접근하는 것은 생각의 흐름의 길을 어느 정도 알고 접근하는 것이고 구체화로 접근하는 것은 생각의 흐름의 길을 모르는 상태에서 길을 찾아가면서 접근하기 때문이다.

그래서 우리는 시간에 대한 심리적인 압박을 받는다. '이렇게 많은 시간을 들일 필요가 있을까? 시간이 많이 걸리면 시험 시간에 문제를 다 풀 수나 있을까? 차라리 다른 문제를 더 많이 푸는 것이 낫지 않을까?' 하는 조바심이 생겨 피하거나 미루려는 구실을 찾는다. 답답한 그 순간을 벗어나기 위해 피하거나 미룬다고 하더라도 거의 다시 풀지 않는다. 솔직히 말해 접근했을 때 답답하고 풀 수 없을 것 같아서 하는 행위이다. 좀 더 솔직하게 속마음을 들여다보면 평소에 어떤 하나의 것에 집요하게 생각하며 마무리 짓는 습관을 가지고 있지 않기 때문이다. 그러니까 시간 타령하면서 미루거나 피하지 말고 끝까지 마무리하는 습관을 길러라.

구체화로 얻은 지식은 적극적이고 자기주도적인 이해와 논리성이 강한 지식이다. 그렇기 때문에 기억 속에 오래도록 유지될 수 있고 논리성이 강하여 다른 지식과 관계를 잘 갖는다. 그래서 문제와 관련된 지식이 동원될 때 다른 지식들까지 끌어들여 응용력을 발휘할 수 있다. 응용력이 발휘될 때야 비로소 공부에 대한 자신감을 갖는다. 자신감은 공부에 대한 열정을 갖게 하여 적극적으로 접근하게 한다. 비록 예전에 난이도가 높다고 생각한 문제라도 할지라도 구체화를 하면서 접근방식을 찾고 끌어온 지식으로 대처하여 문제를 해결한다. 또한, 자신감은 생각의 중심을 흔들리지 않게 하여 강한 집중의 힘으로 덜렁거림이나 실수도 줄일 수도 있다. 그러니 구체화를 적극적으로 활용하여 수학이 어렵다는 심리적이 압박으로부터 벗어나라.

6. 알고 있는 지식 적극적으로 활용하여 응용력 만들기

수학 실력 차이는 무엇으로부터 생기는 것일까? 논리적인 생각의 힘과 응용력이다. 논리적인 생각은 알고 있는 지식으로부터 나오는 것이고, 그 힘은 정확하고 확실한 지식이다. 만약에 지식이 부실하고 정확하지 못하면 지식으로서 역할을 하지 못해 논리적인 생각의 흐름을 만들지 못한다. 응용력은 논리적인 생각의 흐름을 만들어 내는 지식으로 집요하게 활용하는 가운데 생기는 힘이다. 그래서 수학을 잘하는 이들은 풍부한 배경지식에서 나오는 집중력과 배경지식을 활용하려는 집요함이 강하다. 반대로 수학을 힘들어하는 이들은 부실하고 부정확한 지식 때문에 논리적인 생각의 흐름을 만들지 못하고, 그 흐름의 힘도 약해 집요하게 생각을 끌고 가지 못한다.

수학을 어려워하는 한 학생이 "수학 공부를 열심히 하는데도 성적이 생각만큼 왜 오르지 않을까요?"라고 물었다. 그러자 나는 막연하고 추상적인 '열심히 하다 보면 성적이 오를 거야.'라는 말보다 자문하여 스스로 답을 찾을 수 있는 구체적인 질문을 해 주기로 하였다.

① 공부를 할 때, 생각의 중심을 학습계획을 실행하는 쪽에 두는지, 아니면 알기 위한 공부 쪽에 두는지.
② 문제마다 복습을 해야 할 문제와 복습할 필요가 없는 문제를 구별하는지, 복습할 문제 중에서도 알 때까지 복습해야 할 문제를 구별하는지.
③ 문제와 관련된 개념적 지식은 있는지.

④ 가지고 있다면 집요하게 적용하고 활용하는지.

⑤ 정확하고 빠른 연산능력과 식들 간에 관련성을 갖도록 하는 연립 능력을 가지고 있는지.

⑥ 능력 밖이라고 판단이 되면 문제가 지시한 대로 따라가 보지도 않고 생각을 더 이상 진행시키지 않고 포기하는지.

곰곰이 자문해 보라. 그러면 그동안 공부를 어떤 방식으로 어떻게 하였는지 알 수 있을 것이다.

공부에서 가장 중요한 것은 알기 위한 공부를 하여야만 하는 것이고, 그리고 공부한 것을 잊지 않도록 복습하는 것이다. 알기 위한 공부를 할 때만이 쌓은 지식이 지식으로서 역할을 할 수 있어서 집중력과 집요함을 발휘할 수 있다. 이것이 공부의 최고의 방법이 아니겠는가?

만약에 그렇지 않으면 집중이 약해지는 순간을 놓치지 않고 잡념이 파고들어 생각의 중심을 무너뜨릴 것이다. 그리고 공부한 내용이 잡념과 뒤섞여 있어서 조금만 시간이 지나도 기억 속에서 사라지거나 부실하고 부정확한 지식 상태로 될 것이다.

어떻게 하면 이 상황을 벗어날 수 있을까?

걱정을 생각만으로 하지 말고 지금 당장 시작하여라. 그러면 벗어날 수 있다.

"지금 당장 시작해도 늦지 않나?"고 되물을 수도 있다. 물론, 늦지 않다. 막연하게 시간 계산하지 말고 지금 당장 시작하여라.

"해야 할 공부는 많고 시간은 부족한데 어떻게 다 할 수 있겠냐?"고 물을 수도 있다. 공부를 어떻게 할 것인가를 생각하지 않고 공부량과 시간을 생각하면 그렇게 물을 수도 있다는 것도 이해 간다.

생각해 보라. 지금까지 공부한 것을 잊지 않았다면 어땠을까? 상상만 해도 가슴이 벅차오를 것이다. 그렇다면 이 순간부터 공부한 것을 잊지 않도록 복습을 하고 또 하여라. 그리고 그 지식을 적극적으로 활용하여 효율을 높이면 결코 늦지 않다.

공부는 응용력을 높여 효율적으로 하는 이가 반드시 승리한다. 다시 말해, 시간은 내 편이니 시간 타령하지 마라.

그러기 위해서 확인복습을 하고 테스트를 하여 지식의 상태를 점검하여라. 복습을 하지 않고 학습량에 치중하여 진도를 나가는 것은 지식을 부실하게 만들 뿐만 아니라 지식으로서 역할을 못 하는 헛된 수고가 될 것이니 반드시 이 점을 경계하여라.

어떤 학습 내용을 확인하는 복습을 할 것인가?

문제를 풀면서, 강의를 들으면서 복습할 필요가 없는 문제, 복습을 해야 할 문제, 반드시 알아야 할 문제를 시각적으로 눈에 쏙 들어오도록 자신만의 방식으로 표시한다. 그렇게 함으로써 '많은 문제를 언제 복습을 다 하지?'라는 심리적 부담을 덜 수 있고, 시간을 효율적으로 사용할 수 있고, 다른 과목도 공부할 수 있는 시간적 공간을 넓힐 수 있다.

어떤 문제를 복습할 것인가를 정하는 것은 결코 쉬운 일은 아니지만 굳이 우선순위를 정한다면 선생님 강의 속에 들어 있는 배경지식이다. 많은 시간 동안 수없이 강의할 때, 개념적 지식을 적용하고 활용하여 식을 만드는 방법, 경험적 지식을 이용하여 정확하고 빠르게 답을 구하는 방법의 노하우가 들어 있는 지식들이다. 그러니까 반드시 자신의 지식으로 만드는 공부를 실행하여 현재의 자신의 상황을 업그레이드하여라.

PART 5

시간과 나와의 관계

작심삼일
(作心三日 : 결심이 사흘을 지나지 못함)

 앞으로 일어날 일을 예측하여 계획을 세워 실행하는 사람은 거의 없다. 그래서 세운 계획이 의도대로 되지 않고 작심삼일이 되는 것은 당연한 일이 아니겠는가? 맞다. 그럼에도 불구하고 우리는 계획을 세워 실행한 지 며칠을 가지 못하고 그만둘 때마다 조롱 섞인 '또, 작심삼일이구나. 그럴 줄 알았어! 그러면 그렇지!' 하는 말을 듣는다. 이런 들을 때마다 마음에 상처를 받고 짜증이 나 '너도 해 봐, 너도 마찬가지일 거야.'라는 말로 되돌려주고 싶은 마음이 굴뚝같다. 하지만 '사람은 한 치 앞도 내다볼 수 없다.'는 말에 위안을 삼고 꿈을 이루기 위해 전보다 더 실현 가능하도록 계획을 세워 실행하고 또 하는 것이다. 작심삼일보다 더 중요한 것은 포기하지 않고 중단 없이 전진하는 것이다.

 작심삼일에도 차이가 있다. 의지를 가지고 결심하여 유혹을 물리쳐서 관리하겠다고 실시하여 작심삼일 되는 금연, 절주, 다이어트가 있다. 의지로 극복할 수 없는 생각으로 하는 공부는 계획을 실행하는 것은 더더욱 어렵다. 실천 가능하다고 생각을 하고 계획을 세웠더라도 이해할 수 없는 내용이나 문제를 접할 수도 있고, 생각의 흐름을 방해하는 잡념이 끼어들어 집중을 방해하여 계획을 실행할 수 없게 될 수도 있다.

우리는 한 치 앞도 내다볼 수 없어서 짐작하여 계획을 세울 수밖에 없다. 그래서 작심삼일이 되는 것은 당연하다. 역발상을 해 보면 예측 가능한 날 수가 삼 일 정도이니까 삼 일 이내로 계획을 세워 실행하라는 의미가 담겨 있다고도 볼 수 있다.

그러니까 작심삼일이 되지 않도록 공부에 대한 계획을 세울 때 먼저 그동안 작심삼일이 된 원인에 대한 분석으로 학습능력, 학습습관, 생활습관 등을 참작하여야 한다. 여기서 무엇보다 중요한 것은 학습내용을 논리적으로 이해할 수 있는 충분한 시간을 가질 수 있도록 계획을 세워야 한다는 것이다. 분석을 하여 계획을 세웠다고 하더라도 늘 그렇듯 하루 일과가 의도한 대로 흘러가는 것은 아니다. 전혀 예측할 수 없는 일들이 생기거나, 습관을 극복하지 못해서 계획을 실행하지 못하거나, 자신의 능력을 고려하지 않아서 작심삼일이 발생할 수도 있으니까 수시로 되돌아보고 경계를 늦춰서는 안 된다.

1. 예기치 않은 일로

아침 일찍 도서관으로 공부하러 간다. 공부를 열심히 하다가 잠깐 휴식이 필요해 휴식 공간에 갔다가 우연치 않게 반가운 친구를 만난다. 그동안 학교생활, 진로, 공감대가 형성되는 이런저런 이야기에 시간이 흘러가는 줄도 잊은 채 예상보다 많은 시간을 보낸다. 자리로 돌아와 공부를 하려고 하자 조금 전에 친구와 주고받은 이야기들이 떠올라 집중을 할 수가 없다. 이렇게 잡념으로 보내는 시간이 집중하여 공부하는 시간보다 더 많아지면서 짜증까지 밀려온다. 그 시간 이후로 공부를 집중할 수 없어 공부를 못 한다.

뜻하지 않게 육체적으로 해야 할 일이 생기거나 운동경기를 하는 경우가 생겨 에너지를 많이 사용하면 피곤하여 졸음이 밀려와 책상에 엎드린 상태에서 몇 시간 동안 잠을 자게 된다든지, 갑자기 몸이 아프다든지, 주변이 공부할 수 있는 환경이 안 되는 경우와 같은 예기치 않는 상황이 생겨 계획을 실행할 수가 없게 되기도 한다.

이런 일들로 세워 놓은 계획을 실천하지 못해서 받는 스트레스보다 늘어나는 학습량을 처리하지 못해 그에 따른 정신적인 부담감으로 학습 의욕이 떨어지게 된다. 그러면 자신감에까지 부정적인 영향을 끼쳐 어떤 동기부여도 효과가 없는 상황을 마주할 수도 있다. 그러니까 계획한 것을 실행할 수 있도록 전날 자기 전에 여러 가지 상황을 고려하여 계획을 세워라. 또, 예기치 않은 일이 발생하여도 억제할 수 있는 의지를 만들어 계획을 실천하도록 하여라.

2. 습관으로

습관적인 생각이나 행동을 바꾸는 것은 생각의 흐름을 바꾸는 것과 다름없기 때문에 결코 쉽지 않다. 예컨대, 밤늦도록 공부할 수는 있어도 아침 일찍부터 공부하는 것은 무척 힘들다고 하는 이가 학습량을 늘리겠다는 욕심으로 평소와 달리 아침 일찍부터 공부하겠다는 계획을 세우면 계획한 시간에 맞춰 기상하는 것부터 스트레스다. 비록 일어난다고 하더라도 비몽사몽한 상태에서 정신을 못 차리고 있다가 결국 책상에 엎드려 시간가는 줄 모르고 잠을 잔다. 생체리듬에 맞춰 계획을세워 공부를 하는 것이 보다 효율적이고 몸을 피곤하게 하지 않는다.

만약에 습관을 바꾸고자 한다면 학습계획을 세울 때 생활습관, 학습습관을 고려해서 의지로 극복 가능한 계획을 세워 실천을 하여 간다.그러면 마일리지 쌓여가듯 생각의 흐름이 만들어져 간다. 의지에 생각의 흐름이 더해져 행동을 함으로써 바뀐다.

3. 능력을 넘어선 계획으로

자신의 능력을 냉철하게 분석한 것을 바탕으로 현실성 있는 계획을세워야 한다. 그럴 때 공부하고자 하는 의욕도 생기고 이행을 할 수 있다. 현실성이 없으면 실행하기 어렵다. 분석해야 할 것으로는 독해능력, 기억능력, 지식동원능력, 연산 연립능력이다. 이것을 바탕으로 생활습관, 학습습관에 맞는 자신만의 방식을 찾아 계획을 세워야 한다.그렇지 않고 여기저기서 말하는 경험적 방식은 자신이 가지고 있는 생각의 흐름과는 달라도 너무 달라 자신에게 적용될 수 없다. 그럼에도불구하고 시도하게 되면 몇 시간도 가지 않아 시행착오를 마주할 것이고 마주하면서 겪는 갈등으로 집중하지 못해 공부는 공부대로 못 하고소중한 시간만 잃게 될 것이다.

예컨대, 어느 날 친구가 어떤 소설을 읽었는데 너무 재미있어 눈을뗄 수가 없어서 밤새 다 읽었다고 하자. 자신도 읽고 싶은 욕구가 생겨 책을 고른다. 사실, 어렸을 때 누구나 그렇듯 부모님에 의해 동화책은 읽는다. 그 이후로 나는 동화책 외에 처음부터 끝까지 읽어 본 책이 거의 없다. 이런 내가 친구처럼 밤을 새워 가면서 읽을 수는 없다. 그래서 전체 쪽수를 N등분 하여 읽기로 계획을 세웠다. 그런데 두 가지 문제가 생겼다. 하나는 첫날은 의욕의 힘으로 계획한 쪽수를 읽었지만 다음 날이 문제였다. 전날에 읽은 내용이 기억나지 않는 것이다. 계속 읽어야 할지 그만 읽고 학과 공부를 해야 할지를 갈등을 한다. 학교 공부를 하는 것이 시간을 효율적으로 이용할 수 있겠다는 시간 타령이 생각을 지배한다. 그러면 아무리 읽어 보려고 애를 써도 집중할 수가 없어 결국 포기하게 된다.

다른 하나는 N등분 하여 쪽수를 정해 놓으면, '어떤 이야기 전개될까? 얼마나 재미있을까? 등장인물들 간에 일어나는 사건으로 인한 갈등이 어떤 흐름으로 어떻게 진행되어 가다가 해결이 되어 결말은 어떻게 될까?' 하는 생각보다 정해 놓은 쪽수를 주어진 시간 내에 잡념 없이 읽어야 한다는 심리적 압박감이 밀려온다. 그러면 이때부터 정해진 쪽수에 생각의 흐름이 책 내용보다 더 강하게 흘러 조금만 시간이 가도 몇 쪽을 읽고 몇 쪽이 남았는지를 몇 번이고 확인을 하고 또 한다. 책 내용과는 거리가 멀어져서 "재미없다."는 생각이 밀려오면서 그만 읽게 된다. 읽은 만큼 이득이 된다고 할는지 모르지만 사실 시간을 소비한 것이다.

N등분 하여 계획을 세우는 대표적인 것이 영어 단어 암기다. 이런 심리를 알고 영어 단어집에도 일일 분량을 정해 '며칠 완성'으로 되어 있

는 단어집도 있을 정도다.

자신의 암기능력, 암기한 단어를 유지할 수 있는 기억력, 실천 의지 그리고 어떤 어휘를 암기하여야 현실성 있게 사용할 수 있는가를 분석하지 않고 의욕을 앞세워 계획을 세우면 며칠 못 가서 작심삼일이 된다. 그 이유는 다음과 같다.

· 암기한 어휘가 영어 공부를 할 때 바로 유익하게 사용되어야 하는데 그렇지 못한 단어집을 암기하고 있다는 생각이 들 때.
· 암기한 단어나 숙어를 문장 속에서 접했을 때 뜻이 기억나지 않거나 생각만큼 활용을 하지 못해 도움이 안 된다는 생각이 들 때.

열심히 단어장을 암기하여도 효과가 없다는 생각이 드는 것은 물론 지겨움이 자신도 모르는 사이에 쌓여 간다. 단어집에 대한 부정적인 생각에 압도되어 더 이상 계획을 진행하지 못하고 포기를 한다.

계획을 세워 놓고 의도한 대로 실행하기 가장 어려운 공부가 수학이다. 학습량을 정할 때, 자신의 능력을 분석을 하여 정하더라도 실행하기 어렵다. 난이도가 낮은 문제는 상관없지만 난이도가 있는 문제는 관련된 배경지식을 적용할 때도 배경지식이 기억 속에 있다고 하더라도 그 배경지식을 활용하는 것도 복잡한 해석과정을 거쳐야 한다. 그 과정을 거치고 난 다음 계산을 할 때 계산도 복잡하여 틀리기 일쑤다. 복잡한 계산은 예상한 시간보다 훨씬 많이 걸리기도 한다. 때로는 단순 계산도 반복해서 틀려 시간을 소비하기도 한다. 이런 것을 자주 맞닥뜨리면 짜증이 난다. 계획한 것보다 학습 진척이 없어 마음이 답답하여진다. 결국, 계획을 이행할 수 없어 작심삼일이 된다.

어떻든 자신의 능력 밖의 계획은 이행을 할 수 없어 작심삼일이 되는 것은 당연하다. 그러니까 반드시 자신에게 맞는 계획을 세워 실천하도록 해야 한다.

피곤해서, 나태해서, 싫어서

"시간은 금이다."라는 이유를 조금이나마 알게 된 것은 중 3 여름방학 때였다. 날씨는 찌는 듯이 무더웠지만 철없던 때라 우리 마을과 옆마을 축구 경기를 하였다. 경기 중에 내게 태클을 하던 옆 마을 선배의 발이 내 발목을 밟아 복숭아뼈에 금이 가는 부상을 입었다. 그래서 병원에서 깁스를 하는데 의사 선생님께서 "금이 간 부분이 다시 금이 가면 뼈가 잘 붙지를 않는다."고 해서 무척 조심하느라 집 밖에 거의 나가지 않고 집에 있었다. 무더운 여름이니만큼 모기도 많고 파리도 많아 모기장 속에서 보내는 시간이 대부분이었다. 그러다 보니 덥고 나른하여 낮잠을 자는 시간이 많아 밤에는 잠이 오지 않는 날도 많았다. 이날은 이상하게도 잠을 자려고 애를 써도 잠이 오지 않아 뒤척이는데 벽시계 소리는 유난히도 크게 들려 짜증이 밀려오는데, 집 앞 시냇가에 늘어진 수양버들 가지에 걸쳐 있는 달은 내 맘 같지 않게 한 폭의 그림과 같았다. 이렇게 잠을 이루지 못하고 시간을 보내는 와중에 똑딱거리는 시계 소리가 내게 주어진 삶에 길이를 줄여 가고 있다는 생각이 불현듯

들었다. "시간은 금이다."라는 말이 생각나 벌떡 일어나서 잠자는 시간과 깨어 있는 시간을 계산하여 보기로 하였다. 그동안 빈둥거리며 보낸 잃어버린 시간을 찾아보자는 생각이 들었다.

4시간을 자는 사람과 8시간 자는 사람의 눈을 뜨고 깨어 있는 시간의 차를 계산해 보기로 하였다. 16세에서 80세까지 산다고 가정하면 64년을 살 수 있다. 그래서 64×365×4÷24÷365=10년 6개월이다. 8시간 잠을 자는 사람보다 10년 6개월을 깨어 있다는 사실을 알았다.

앞으로 잠을 4시간에서 5시간만 자기로 결심을 하였다. 하지만 시골이라 엄마를 도와드리기 위해 일을 할 때도 많았다. 이럴 때는 육체적으로 피곤하여 나도 모르게 잠이 들곤 하였다. 그렇다고 이럴 때까지 어리석게 정해 놓은 잠자는 시간을 고집하지 않기로 하였다. 상황에 맞게 효과적으로 시간을 사용하기로 하였다.

영어 선생님께서 시간과 공부의 중요성을 틈나는 대로 강조하신 말씀 "소년이노학난성(少年以老學難成 : 어린이는 어른이 되기 쉽고 학문은 이루기 어렵다.), 일촌광음불가경(一寸光陰不可經 : 아주 짧은 시간이라도 가벼이 보내지 말라.)"을 생각하면서 하루를 맞이하기로 하였다. 잠자리에 들기 전에 일기를 쓰면서 어떤 일을 하였으며, 어떻게 보냈는가를 기준 삼아 계획을 세우고 다음 날을 맞이하기로 자신과 약속을 하였다. 그리고 잠자리에 들 때도 마찬가지로 피곤해서, 나태해서 또는 공부하기 싫어서 중 어느 하나에 해당하는가를 구분한 다음에 잠자리에 들기로 하였다.

1. 피곤해서

어떤 상태를 '피곤하다.'라고 하고 피로함을 달래기 위한 행동을 취해야 할지 기준을 정하는 것은 참으로 어려웠다. 개개인의 체력이 다르기 때문에 객관적 기준은 있을 수 없다. 그래서 나는 이렇게 정하기로 하였다. 예컨대, 오늘 힘든 일은 있었지만 12시까지는 공부를 하겠다고 의지의 다짐을 하고 공부를 시작한다. 시작한 지 몇 분도 안 되었는데 졸음이 찾아와 읽은 내용의 이해는커녕 무엇인지도 구별이 안 되거나, 졸음을 쫓기 위해 세수도 하고, 돌아다니면서 기지개도 켜고 해서 졸음이 달아난다 싶어 책상에 앉았는데 졸음이 감당하기 어려울 때를 '피곤하다.'라는 기준을 정했다.

이런 상태에서 의욕을 앞세워 공부를 한다고 해서 공부의 효과를 가져 올 수 없고 오히려 피곤함만 가중된다. 그래서 생산적이고 실질적인 공부 효과를 가져 오기 위해 의욕을 내려놓는 과감한 생각의 전환으로 피곤함을 덜기 위해 휴식을 취하기로 하였다.

2. 나태해서

나태함은 해야 할 일을 끝까지 하지 않고 미적거리며 미루거나 하지 않는 게으름이 배어 있는 습관이다. 예컨대, 아침 일찍 7시까지 도서관에 가기로 어젯밤에 자신과 약속을 하고 5시 30분에 알람을 맞춰 놓고 잠을 잔다. 알람 소리를 듣고 일어나려고 하는데 게으름이 발동하여 일어나기 싫은 마음이 생긴다. 그러면 이리 뒤척거리고 저리 뒤척거리면서 빈둥거리다가 또 잠을 잔다. 도서관에 가서 공부하려는 실천 의지가 약해지는 자리에 습관적인 나태함이 비집고 들어와 자리를 차지하기 때문이다. 그래서 몸이 피곤하여 일어나지 못하는 피곤함과 나태함은 다르다. 나태함이 나타나는 이유는 다음과 같은 경우이다.

① 목표의식이 없어서.
② 배경지식이 없어서.
③ 실천 의지가 약해서.
④ 하는 일 없이 시간 보내는 것이 습관 되어서.
⑤ 주위로부터 자극을 받지 않아서.

나태함은 성격에서도 오는 것이므로 유전적인 요인을 무시할 수 없지만 빈둥거리며 시간을 파괴하지 않도록 습관을 형성시키고 주위로부터 자극을 받으면 얼마든지 극복할 수 있다. 반대가 되면 유전적인 요소에 습관까지 가세하여 극복하기 어려운 상황에 이른다.

꿈과 현실 사이에 실천 의지를 담은 결심이라는 다리가 있다. 자신이 만들어 놓은 다리를 이용할 때 여러 가지 많은 어려움에 직면한다. 꿈을 이룬 사람들은 직면한 어려움에 넘어지고 깨지더라도 자신의 능력을 믿고 실천 의지를 가지고 잠재력을 십분 발휘하여 극복한다.

목표의식이 뚜렷한 사람은 자신을 나태하게 대하지 않고 배경지식을 쌓아 꿈을 이루기 위해 최선을 다한다. 목표의식이란 막연하게 정한 목표를 말하는 것이 아니라 평생을 살아가면서 어떤 위치에서 어떤 일을 하면서 살아가겠다는 의식을 말한다.

3. 싫어서

특별한 이유 없이 아무것도 생각하기 싫고 더더욱 공부하기는 더 싫을 때가 있다. '그냥' 생각하기가 싫다. 예컨대, 가렵기는 한데 어디가 가려운지 몰라 대충 위치를 잡아 긁어도 해소되지 않는 것 같은 기분이다. 이럴 땐 잠시 동안 다른 것에 집중하다 보면 자연스럽게 해소된다. 마찬가지로 지친 머리를 부담 없이 즐겁게 쉴 수 있는 좋은 기회라고 생각을 하고 기분 좋게 잠을 청하는 것이 가장 좋다. 아니면 '꿈을 이루기 위해 자면 안 된다.'고 심리적 자극을 주어 공부를 하게 하는 것도 있지만 이것은 지친 뇌를 쉬도록 하는 것이 못 되어 다시 같은 생각을 갖게 할 수도 있으니 쉬는 것도 좋은 방법이다.

자신의 능력을 의심하지 말고 믿고 에너지를 충전하여 힘찬 공부를 할 수 있는 실천 의지를 다지는 시간으로 생각하여라. 그리고 자신의 능력의 믿음의 크기에 따라 성공의 크기가 결정된다는 확신을 하고, 과감하게 휴식을 취한 후 자산의 능력을 키우는 데 최선을 다하여라.

시간낭비형, 시간객체형, 시간주체형

어제가 오늘 같고 내일도 오늘이나 다름없는 생활 패턴 속에서 오늘 하루를 맞이하고 보낸다. 마치 다람쥐 쳇바퀴 돌아가듯이 돌아가는 시간들이 학창시절이다. 눈을 비비고 일어나면 학교를 가야하고 수업이 끝나면 돌아오기 무섭게 학원으로 달려간다. 학원이 끝나고 집에 돌아와서 잠깐 눈을 붙이면 다음 날 아침을 맞이한다. 방학이 오고 새 학기가 오고 가기를 이십여 번의 긴 시간을 거의 같은 패턴으로 생활을 한다. 매일 거의 같은 패턴으로 주변 환경과 상호작용하면서 정체성이 정해지고 생활습관과 학습습관이 만들어진다.

초등학교 때와 중 1학년 때까지는 부모님의 주도적인 역할과 주변 환경과 상호작용의 극히 일부는 말과 행동으로 표출하고 나머지는 무의식화 되면서 습관이 형성된다. 이 시기에는 독서습관과 사물을 관찰한 것, 학습한 내용을 논리적으로 생각하는 기본 틀이 형성된다.

그 이후로는 부모님 주도에서 자기주도로 바뀌고 주변 환경을 인식하는 것이 달라지면서 습관에 변화가 생긴다. 하지만 거의 대부분 기존의 습관을 유지 또는 강화시켜 간다.

다람쥐 쳇바퀴 돌아가듯이 돌아가는 날들이지만 그동안 형성된 습관에 따라 시간을 어떻게 맞이하고 보내느냐는 개인마다 다르다. 그리고 그 습관을 기반으로 자신의 삶의 방향이 정해진다.

거의 비슷하게 보내지는 날들이어서 자신의 하루가 어떻게 보내지고 있는지 분별하기가 어렵다. 따라서 매일 아침마다 오늘 하루를 어떻게 보낼 것인가 생각을 하고 보낸 시간들에 대해서도 생생하게 그려 본다. 그러면 어떤 유형으로 시간을 보내면서 습관이 형성되어 가고 있는가를 인식할 수 있다. 그러면 꿈을 꾸고 있는 미래의 자신의 모습을 생생하게 그려 보고 현재 자신이 보내고 있는 모습으로 꿈을 이룰 수 있는가를 생각해보라. 만약에 이루기 없다는 생각이 들면 시간을 효율적으로 사용할 수 있도록 하여야 한다.

하루의 시간을 보내는 유형을 보면 시간에 대한 주체도 객체도 아닌 상태로 해야 할 일을 하지 않고 보내는 시간낭비형, 시간의 객체가 되어 시간을 보내는 시간객체형, 시간의 주체가 되어 시간에 얽매이지 않고 시간을 효율적으로 사용하는 시간주체형이 있다.

1. 시간낭비형

별생각 없이 하루를 맞이하는 아이들에게 '꿈이 뭐냐?'고 물어보면 꿈이 없다고 하거나 꿈이 있다고 하더라도 꿈에 대한 확신이 없고 실현하려는 의지도 약하다. 특히, 부모님들께서 주도적인 역할을 할 시기에 역할을 하여 학습에 도움이 되도록 주변 환경을 조성하여 주고 학습습관에 도움이 되도록 생활습관을 만들어 주어야 하는데 그렇지 못하다. 이때 형성된 학습습관에서 나오는 관성의 힘이 장래 학습습관에 엄청난 영향을 끼친다는 것에 대한 정보가 약하다. 그래서 오히려 학습습관에 방해가 되는 TV, 게임기, 스마트폰 등과 같은 것들이 주변을 에워싸고 있다. 이런 기기들은 자신의 의지와는 상관없이 순간순간 화면이 바뀌면서 흥미를 준다. 아이들이 이러한 것에 장시간 노출되어 적응이 되면 생각을 깊고 길게 가져가는 것을 힘들어한다. 그리고 답답함을 참을 수 없어 한다. 즉, 학습에 가장 중요한 생각의 지구력이 약해 논리적인 사고를 못 한다.

학습활동을 해야 할 시간이 되어도 시간을 어떻게 맞이하고 보내야 할 줄을 모른다. 아침에 눈을 뜨면 무엇을 할 줄을 몰라 잠자리에서 빈둥거리다가 마지못해 일어난다. 그다음은 그동안 해 오던 습관에서 오는 관성에 의해 TV를 보거나 게임을 하거나 휴대폰을 가지고 시간을 보내거나 한다. 그렇지 않으면 같은 습관을 가진 친구를 불러 시간을 보낸다. 이들이 보내는 하루는 다음과 같은 특징이 있다.

· 해야 할 일을 하지 않고 뒤로 미루거나 피한다.
· 해야 할 일이 무엇인지 모르는 것은 물론 해야 할 일을 찾지도 않는다.
· 자신이 해야 할 일을 하지 않고 다른 사람에게 미루고 빈둥거리면서 시간을 보낸다.
· 빈둥거리면서 시간을 보낼 구실을 찾는다.

· 부모님이 공부하라고 하면 오히려 짜증을 부린다. → 짜증을 부리는 것이 당연할 수도 있다. 그동안 형성된 습관에서 나오는 관성의 방향과 다른 안 하던 방향의 행위를 해야 하는 압박감에서 나오는 반응이기 때문이다.

2. 시간객체형

시간객체형의 습관을 가진 이들의 대부분 주변 환경은 학습활동을 할 수 있는 것과는 거리가 있는 것들 TV, 컴퓨터, 게임기, 휴대폰 등과 같은 것들로 둘러싸여 있다. 자연스럽게 이들과 접하고 관계를 맺으면서 시간을 보낸다. 부모님들은 둘러싸고 있는 환경은 생각 못하고 공부가 걱정이 되어 공부하라는 지시를 한다. 자발적으로 하는 공부가 아니고 부모님의 지시에 따라 하는 공부를 하려고 할 때, 주변과 맺은 관계에서 밀려오는 생각의 관성에 의해 집중을 하지 못하고 학습의 내용과 뒤섞인 상태로 시간을 보내고 있다. 다시 말해, 공부를 하는 것도 아니고, 노는 것도 아닌 상태로 책상에 앉아 있다는 뜻이다.

마음의 준비가 안 된 상태에서 하는 공부를 집중해서 할 수 있겠는가? 당연히 할 수가 없다. 그만한 이유가 있다. 공부하기 전에 주변의 것들과 맺은 관계의 관성이 작용하기 때문이다. 부모님이 지시한 내용이 공부 시간이면 공부에 집중하기보다는 시간이 빨리 지나가기를 바라는 생각에 틈나는 대로 시계를 바라보고, 학습량이면 내용을 이해하여 자신의 지식으로 쌓기보다는 정해진 쪽수가 빨리 끝나기를 바라는 생각에 중심이 있다 보니까 몇 번이고 쪽수를 확인하고 또 한다. 그리고 문제가 잘 풀리지 않으면 관련된 지식을 끌어와 접근하기보다는 주어진 양을 빨리 끝내야 한다는 압박감에서 오는 답답함을 이기지 못하고 해설을 참고하여 처리를 한다.

생각해보면 놀랍다. 이런 집중상태로 공부를 마무리를 한 다음 지시한 대로 이행을 잘했다고 부모님에게 말한다. "열심히 잘했냐?"고 물으면 "잘했다."고 답을 하는 순간 자신은 공부를 열심히 한 것으로 착각 속에 빠진다.

이렇게 반복된 행위를 하고 시간이 흐르면서 조금씩 무의식화 되고 그에 따라 습관이 형성이 된다. 따라서 생각의 지구력이 약하여 복잡하고 난이도 높은 문제는 답답하여 논리적인 생각을 할 수 없는 상태에 이르게 된다.

학습량이나 시간이 정해지지 않으면 시간을 어떻게 활용해야 할 줄을 모르는 시간소비형이다. 이 유형이 가장 많이 사용하는 방식이 타임테이블이다. 그중에 대표적인 것은 방학 때 하루 일과표이다.

· 아침 식사와 휴식 시간 : 대체로 잘 지켜진다.
· 두 시간 정도의 수학 시간 : 쉬운 문제는 시간이 별로 걸리지 않지만 어려운 문제는 생각보다 시간이 많이 걸리고 많은 시간을 사용하여도 해결할 수 없는 경우도 다반사다. 정해 놓은 시간을 지킬 수가 없다. 정해 놓은 시간을 지키려고 하면 목표량을 정해진 시간에 끝내지 못하면 다른 과목을 할 수 없다는 짜증이 동시에 밀려온다. 공부를 위해 시간을 정해 놓은 것인지 시간을 지키기 위한 일과표인지

구분할 수 없을 뿐만 아니라 전혀 집중하여 공부를 할 수가 없다.

· 잠자는 시간 : 이것 또한 지키기 어렵다. 잠이라는 것이 자고 싶을 때 잠이 드는 것도 아니고, 시도 때도 없이 밀려오기도 한다. 피곤한 다음 날 아침에는 알람 시간에 맞춰 일어나는 것은 참으로 어렵다. 설령, 눈을 떴다 하더라고 뒤척거리다 보면 예정 시간을 훌쩍 넘겨 계획대로 실행할 수 없다.

시간객체형 학습습관을 가진 학습자와 상담을 하고 강의를 할 때 질의응답을 하면서 나타난 공통된 특징이 있다.

· 공부를 열심히 하고 싶은 생각은 가지고 있으나 실행하는 것은 소극적이다. 그 이유로는 그동안 타율적으로 형성된 학습습관으로 인하여 배경지식이 부실하고, 있다고 하더라도 부실하고 부정확하다. 그동안 집중력 있게 공부를 하지 않아서 생긴 약한 생각의 힘 때문에 논리적인 사고를 하는 것이 어렵다는 생각이 잠재되어 있다.

· 설명 내용 그대로, 해답에 들어 있는 해설 내용 그대로 받아들이고 그것이 전부라고 생각하고 자기 것으로 만드는 복습행위를 하지 않는다.

· 내용에 어려운 어휘가 많아 이해하기 힘들거나 많은 생각을 해야 하는 것이면 뒤로 미루거나 피하려는 구실부터 찾는다.

· 수학에서 계산이 귀찮거나 관련된 지식을 동원하기 어렵다는 판단

이 되면 관련된 지식을 끌어올 생각하기도 전에 답답함을 이기지 못하고 포기한다.

· 복습하는 것을 무척 싫어한다. 공부할 때 '할 수 있다.'고 생각했던 것이었는데 복습할 때 모르는 것으로 드러나는 것을 두려워하는 소극적이고 방어적인 생각이 앞서기 때문이다. 또, 이때 마주하는 자신에 대한 실망감을 피하고 싶은 생각 때문이다.

그러니까 이들에게는 자율적인 학습습관과 집중할 수 있는 생각의 힘을 향상시키는 것이 무엇보다 중요하다. 그 방법은 복잡하지 않고 간단하다. 그것은 복습을 통해 정확하고 확실한 지식을 쌓아 자신감을 높이는 것이라. 시간 없다고 시간을 구실 삼는 시간 타령하지 말고 바로 복습을 실행하여 정확하고 확실한 지식을 쌓는다. 배경지식으로 만들어 낸 학습습관과 생각의 힘을 바탕 삼아 꿈을 키워 간다. 그리고 자신이 꿈꾸던 세상에 다다를 수 있다는 확신을 갖는다.

3. 시간주체형

시간을 효율적으로 이용할 줄 아는 사람이 성공할 수 있다. 이런 사람이 시간주체형 인간이다. 다시 말해, 시간의 주인이다. 시간의 주인은 주인답게 자신의 생체리듬에 맞춰 시간을 효율적으로 이용한다. 시간을 효율적으로 활용한다는 것은 시간의 객체가 아닌 주체자로서 시간에 얽매이지 않고 상황에 맞게 시간을 조절하여 융통성 있게 활용하는 것을 말한다.

계획표를 만들 때도 상황을 가능한 정확하게 예측을 하여 학습 시간을 정하고, 자신의 능력에 대해서도 객관적으로 분석하고 평가하여 학습량을 정한다. 시간을 배정하는 것도 정해진 학습량이 끝나지 않으면 융통성을 발휘하여 시간에 제한을 받지 않고 계획한 과목을 순연시키면서 공부를 한다. 만일에 반드시 끝내야 한다면 밤을 지새우면서도 끝낸다. 또 피곤함이 밀려와 공부에 방해가 된다싶으면 휴식을 취하여 피로를 없앤다. 이처럼 시간의 주체가 되어 시간을 이용함으로써 헛되게 시간을 낭비하지 않는다.

특히, 놀아야 할 시간에 공부 생각하면서 놀이를 망친다든지, 공부하면서 놀이 생각에 대한 시뮬레이션을 하면서 시간을 낭비하는 일은 결코 없다. 주어진 일에 열정을 다하여 집중을 한다. 그리고 생각이 24시간이라는 시간의 틀 속에 갇혀 있지 않다.

PART 6

공부에서 성실과 효율

효율은 근면 성실을 바탕으로 한다

우리는 살아가면서 불가피하게 마주할 수밖에 없는 것이 공부이고, '왜 공부를 해야만 하는가?'라는 물음을 던진다. 물음에 대한 답으로 '두뇌를 개발하여 보다 나은 삶을 살아가기 위해서.'이다. 그러기 위해서 우리는 근면하고 성실하게 공부를 해야 한다. 근면함과 성실함이 있어야 한다. 어찌 우리는 이들의 중요함을 모르겠는가? 우리는 알면서도 생각처럼 실행하지 못해 공부가 힘들고 어렵다. 그래서일까? 우리는 "공부를 끈기 있게 꾸준하게 열심히 해야 잘할 수 있다."고 귀가 닳도록 듣는다. 그리고 자신도 "공부를 열심히 해야 한다."고 마음속으로 헤아릴 수 없이 새기며 게을러지는 것을 경계한다. 그렇지만 행동으로 옮기는 것이 말처럼 쉽지 않다.

세상에 어떤 결과물도 근면과 성실 없이 그냥 얻어지는 아무것도 없다. 한마디로 근면과 성실은 성공의 밑거름이자 최고의 자산이라는 뜻이다. 맞다. 이 말에 이의를 제기할 사람은 아무도 없다. 하지만 정신집중을 필요로 하는 공부는 "성실하게 열심히 한다고 해서 잘하는 것만은 아니다. 양보다 질이 중요하다."라는 말도 있지 않냐고 이의를 제기한다. 왜냐하면 공부는 논리적인 생각의 흐름을 기반으로 내용을 이해하여 전체 내용과 연결할 수 있도록 종합적 사고를 해야 하고, 공부한 지식을 잊지 않고 기억해야 하고, 그 지식을 적극적으로 활용하려는 의지가 있어야 하고, 뿐만 아니라 공부하는 중간중간 의지와 상관없이 끼어드는 잡념을 물리쳐야 하기 때문이다.

어떻든 근면함과 성실함이 공부에서 매우 중요한 요소임에는 틀림없다. 하지만 이것만으로는 공부를 잘할 수 없다는 것도 사실이다. 근면함과 성실함은 자칫 학습량과 학습 시간에 치우치는 공부를 하게 만든다는 것이다. 그렇게 되면 생각의 중심이 논리적인 사고로 알기 위한 공부가 아닌 학습량과 시간에 치우쳐 집중력은 무너지고 조급함을 불러오게 된다. 조급함은 '공부를 해야 한다.'고 부산을 떨고 서두르지만 집중력 있는 공부를 하지 못하게 한다. 그래서 하루 종일 책상에 앉아 있는 것 같지만 집중력과 집요함을 바탕으로 한 공부가 아니기 때문에 책상에 앉아 있는 만큼 효과는 없다.

그렇다 하더라도 성실하지 않은 사람은 결코 공부를 잘할 수 없는 것은 물론 효율을 말할 자격이 없다. 근면함과 성실함을 바탕으로 효율이 조화롭게 어우러질 때만이 공부다운 공부를 할 수 있다.

조급함에 갇힌 성실함과 근면함

근면과 성실의 표상이라고 할 수 있는 "열심히 하면 나도 잘할 수 있다."는 자신감이 하늘을 찌르는 듯한데, 시간이 흐를수록 학습계획을 실행해야 한다는 쪽으로 생각의 중심이 기울어져 알기 위한 공부보다 정해 놓은 학습량을 시간 안에 마무리하려는 쪽으로 이동하여 조급함을 자극한다. 조급함은 생각의 중심을 무너뜨려 집중을 못 하게 하고 우왕좌왕하게 한다. "빨리 끝내야 한다. 시간 안에 마무리를 해야 한다."는 압박감에 갇혀 생각은 경직되고 마음은 답답해져 논리적인 생각을 할 수가 없다.

첫째, '공부를 어떻게 하면 공부다운 공부를 할까?' '공부를 열심히 해서 꿈을 이루어야 해.'에 갖가지 이유를 붙여 가면서 의욕을 부추겨 공부를 해야 하는 당위성을 만들어 낸다. '오늘은 몇 시부터 할까? 오늘은 쉬고 내일부터 빡세게 할까?' 고민 아닌 고민하다가 대부분 후자를 선택하고 오늘은 부담감 없이 논다. 내일이 되어 막상 책을 펴고 읽기 시작한 지 몇 쪽을 읽지도 못하고 집중이 무너져 더 이상 읽지 못한다. 문제 풀이도 쉬운 문제를 풀 때는 잘 풀려 뭐든지 할 수 있는 기분이 되었다가 난이도 있는 문제를 풀 때는 풀리지 않아 짜증을 부리면서 그만둔다. 계획을 행동으로 옮기지 못한 그들은 열심히 해야 한다고 강조하지만 단지 생각으로 학습계획을 이행할 뿐이다. 아이러니하게도 생각으로 학습계획을 세우는 시간을 포함해서 공부를 하고 있다고 심리적으로 착각을 한다는 것이다. 이런 착각에서 깨어나야 한다. 집중하지 못한 상태에서 잡다한 생각과 함께한 공부는 부실하고 부정확한 지식으로 제 역할을 못 하고 오히려 생각의 흐름을 방해한다는 사실을 깨달아야 한다.

둘째, 과목별로 공부할 범위를 정한다.

음식 맛을 보듯 내용을 파악하여 범위를 정할 수는 없다. 단지, 가능하다고 예상되는 범위를 정할 뿐이다. 그래서 계획한 범위를 예상한 대로 마무리할 수 있는 과목도 있지만, 예상과는 다르게 끝내지 못한 과목도 있다. 당연하다. 그럼에도 불구하고 끝낼 수 없다고 판단이 되는 그 순간에 여지없이 조급함이 찾아온다. 그러면 조급함은 심리를 압박하여 생각의 중심을 서두르는 쪽으로 이동하게 하여 몇 쪽이 남았는지 얼마나 남았는지 확인하게 하느라 공부에 집중할 수 없게 한다. 조급함에 생각의 흐름이 한 번 방해를 받으면 마치 무너진 둑을 무엇으로도 막을 수 없듯이 아무리 강한 의지를 앞세워 집중하려고 애를 써봐도 소용이 없다. 결국에 공부는 알기 위해서가 아니라 계획한 범위를 끝내기 위한 공부를 하게 된다. 이런 공부를 어찌 공부다운 공부를 한다고 할 수 있겠는가?

왜 우리는 이런 행태의 공부를 반복하는 것일까? 생각해 보라. 한마디로 그동안 공부하면서 형성된 학습습관 때문이다. 하나는 수동적이고 소극적인 학습습관이다. 예컨대, 자기주도적으로 찾아서 공부를 하는 것이 아니라 공부해야 할 범위를 가정학습으로 주어지면 그것을 끝내는 것이 공부의 전부라고 생각한다. 만약에 가정학습이 주어지지 않으면 해야 할 공부가 없다고 생각을 하고 공부를 하지 않는다. 이런 행위를 반복하면서 만들어진 습관 때문이다. 또, 다른 하나는 궁금한 것을 찾아서 알기 위한 공부가 되도록 논리적 생각의 흐름을 바탕으로 집요하고 끈기 있게 공부하는 습관이 없기 때문이다.

셋째, 과목별로 시간을 분배하여 공부를 한다.

시간을 분배하여 정하는 순간부터 시간이 주인 행세를 하기 시작한다. 정해 놓은 시간이 되어 과목을 바꾸라는 알림이 들려오면 과목을 바꿔야 한다. 바꾸지 않고 좀 더 해 보려고 하면 답답한 마음이 용납을 하지 않아 바꿔야 한다. 또, 정해 놓은 시간까지는 졸음이 쏟아져도 꾸벅꾸벅 졸면서도 책상에 앉아 있어야 한다. 그렇지 않고 잠을 자면 공부를 열심히 하지 않은 느낌을 준다. 얼마나 답답하고 우스꽝스러운 공부를 한다는 생각이 들지 않는가? 어찌 공부하는데 시간의 경계가 있단 말인가? 쉬운 과목이면 예상한 시간보다 빨리 끝낼 수도 있고, 수학처럼 난이도 높은 문제를 만나면 예상 시간을 훌쩍 넘길 수도 있는 일이 아니겠는가?

예컨대, 자정까지 공부를 하고 잠을 자기로 시간을 정했다고 하자. 10시 정도 되면 이때부터는 몇 시간 지나면 12시가 되는가를 보기 위해 시계를 몇 번을 보는지 알 수 없을 정도로 본다. 이 정도면 집중력은 거의 제로 상태인데도 12시까지 자지 않고 시간을 채우려고 안간힘을 쓴다.

솔직히, 이때부터 시간과 노력을 들인 것에 공부의 효과를 생각해 보면 거의 없고, 오히려 몸을 혹사시키고 정신까지 지치게 한다. 그럼에도 불구하고 지속하는 것은 성실함이 몸에 익숙해져 있어서 이렇게라도 하지 않으면 공부를 하지 않았다는 찝찝한 생각 때문일 것이다. 시간의 객체가 되지 말고, 시간의 주인이 되어 공부하여라.

넷째, 수업 시간에는 잡다한 생각을 하든가, 허튼짓을 하든가, 졸면서 보내든가 하다가 수업 시간이 끝날 무렵이 되어서야 정신 차리고 헛된 시간 보낸 것을 후회한다. 그때부터 휴식 시간에도 책을 본다. 이렇듯 공부 시간과 휴식 시간의 경계 없이 공부라는 틀 속에 놓이면 뇌는 계속 공부를 하고 있다고 생각을 한다. 그러면 실제로 공부한 시간은 거의 없으면서도 공부를 열심히 한 것으로 착각을 하게 된다는 것이다. 공부를 잘하는 사람과 못하는 사람을 구분하는 판단 기준 중에 하나가 공부 시간과 그 외의 시간의 경계로 구분 짓는다. 이들은 경계의 명확성 정도가 상대적으로 큰 차이가 있다는 것이다. 무슨 일을 하려고 할 때마다 공부해야 한다고 하는 이들에게 "공부 잘하는 사람은 공부할 때 공부하고, 놀 때 놀 줄 안다."라고 하는 말이다.

그러니까 수업 시간에 충실하고 쉬는 시간에는 지친 뇌를 쉬게 하여 다음 공부 시간에 집중하도록 하여라.

'공부를 열심히 해야 한다'는
말에 갇힌 이들

"열심히 공부를 해야 한다."라는 말을 입에 껌 딱지처럼 붙이고 다니는 이들은 화장실 가는 시간도, 밥을 먹는 시간도 인간의 본능인 생리적 현상에 관한 시간임에도 아까운 것처럼 말한다. 그러다 보니 공부를 열심히 해야 한다는 생각의 힘이 커 공부와 공부 외의 것에 대한 구분을 못 하고 뇌를 피곤하게 한다. 예컨대, 단체행동이나 단체모임에 적극적으로 참여하여 활동을 해야 함에도 불구하고 공부를 구실 삼아 참여하지 않거나, 참여하여도 소극적으로 참여한다. 그래서 적극적이지 못하고 주변을 맴돈다. 솔직히 말하면 참여하여도 적극적이지 못하고, 생각의 힘에 밀려 참여하지 않고 공부를 한다고 하여도 공부에 집중하지 못한다. 어느 것 하나 얻은 것이 없지 않는가?

참여하지 않고 책상에 앉아 있는 자신을 되돌아보라. 책상에 앉아 시간이 얼마 지나지 않아 참여하지 못한 것에 대한 합리화를 위해 자신과의 대화를 시작할 것이다. '참석하지 않고 공부를 해야만 했다.'는 당위성을 찾느라 의미 없는 것들 끌어들여 한참을 생각하면서 시간을 보낸다. 또, 잡다한 생각에 대한 관성 때문에 책을 본다고 보고 있지만 한참 동안 집중을 하지 못할 것이다. 많은 시간을 소비하고 난 후에 공부를 시작한다. 사실 공부한 시간은 별로 되지 않는다. 그래도 우리의 심리는 웃기다. 책상에 앉아 있는 시간 모두를 공부한 것처럼 착각을 일으켜 공부를 열심히 했다는 안정감을 갖는다는 것이다. 어떻든 결과는 적극적으로 참여한 것도 아니고, 참여하지 않은 시간만큼 공부를 집중해서 한 것도 아니다.

반면에 이들에게는 공부를 열심히 하려는 의지, 성실 그리고 열정이 있다. 단지, 시간을 자기 주도적이고 효율적으로 이용하지 못한 것을 빼고 말이다.

심리학자들의 연구 결과에 따르면 '성실함이 몸에 배어 있는 사람은 몸과 마음이 건강하고 긍정적인 것은 물론, 하는 일에 열정적이고, 어려움이 닥쳐도 쉽게 위축되거나 포기하지 않는다는 큰 장점을 가지고 있다. 반면에 성실하게 열심히 하면 뭐든지 할 수 있다는 의지의 자부심이 상대방의 조언을 잘 수용하지 않는 단점이 된다.'고 한다.

연구 결과가 말해 주듯 의지, 성실 그리고 열정은 그 어떤 일이든 성공으로 이끌어 줄 수 있는 중요한 정신적 자산이다. 다만, 이들을 앞세운 나머지 학습계획을 실행하려는 쪽으로 치우쳐 공부를 하는 경향을 나타낸다. 한쪽으로 치우친 학습활동이 성격을 만나 반복함으로써 학습습관이 만들어진다. 공부는 학습습관에 의해 결정된다고 하여도 지나친 말이 아니다. 그러니까 어떤 학습습관을 가지고 있느냐에 따라 쌓이는 지식의 양과 확장성도 결정되기 때문에 한쪽으로 치우치지 않고 알기 위한 공부를 하는 습관을 갖도록 수시로 자신을 냉철하고 객관적으로 바라보고 살펴야 한다.

또, 다른 한편으로 자신의 강한 주장에 비하면 상대방의 지식을 수용하려는 의지는 약하다. 예컨대, 난이도가 있는 문제를 강의할 때, 그동안 축적된 경험적 지식을 활용하여 가르쳐 준 다음 자신의 접근방식을 포함하여 반드시 자신의 지식으로 만들어 달라고 특별하게 당부를 한다. 다음 시간에 그 문제를 풀어보도록 하면 강조하면서 가르쳐 준 접근방식은 전혀 없고 풀지 못했던 자신의 접근방식을 되풀이한다. 그러면서도 "복습하지 않아서입니다. 열심히 하면 되죠? 쉽게 얻은 지식은 쉽게 기억 속에서 사라지는 법이니까 제 방식대로 할게요."라는 합리화시킨 말까지 덧붙여 한다. 몸에 밴 성실의지에서 나오는 닫힌 사고의 말이다. 자신의 주장이 강한 만큼은 아니어도 닫힌 사고를 조금만 열어 수용을 한다면 상대방의 경험적 지식이 자신의 것이 되어 지식의 효율적인 활을 높여 줄 것이다.

지식을 대하는 생각의 차이

지식의 양은 처음부터 차이가 나는 것은 아니다. 보고 들을 수 있는 것들에 대해 알고자 하는 욕구로부터 출발한다. 학습내용에 대해서도 마찬가지다. 적극적이고 주도적으로 접근하는 학습자는 궁금한 것을 접했을 때, 집중력과 집요함으로 나타난다. 그 내용과 관련이 있는 지식을 끌어와 논리적인 연관성을 찾아 이해하기 위해 적용하고 또 적용을 한다. 알고자 했던 욕구가 해소될 때까지 집요하게 접근한다. 적용하는 과정에 동원된 지식들은 논리적이고 유기적인 힘이 강해져 기억 속에서 쉽게 사라지지 않는다. 그리고 관련된 내용을 접했을 때, 이들은 빠르고 정확하게 동원되어 지식으로서 제 역할을 한다. 반면에 학습 내용을 소극적이고 방어적인 생각으로 접근하는 학습자는 비록 접한 내용 중에 궁금한 부분이 있더라도 집중력과 집요함 대신에 미루거나 피할 생각을 습관적으로 한다. "이 내용을 굳이 알 필요가 있겠어? 시험과는 별로 관계가 없는데, 지금 당장 필요한 내용도 아닌데 머리 복잡하게 지금 할 필요가 있겠어? 이 내용은 나의 관심 분야가 아니야."라는 등 온갖 구실을 찾는다. 그렇다고 알아야 한다는 생각조차 하지 않는 것은 아니지만 평소 습관을 극복하지 못한다.

이런 생각으로 학습 내용을 대하는 이들은 '티끌이 모여 태산이 된다.'는 의미를 되새겨 보아야 한다. 지식을 대하는 생각의 차이로 생긴 상대방과의 지식의 벽은 시간이 흐르면서 넘을 수 없는 태산만큼의 넘사벽(넘을 수 없는 벽)이 된다는 사실을 알아야 한다.

마무리의 차이

공부의 성패는 마무리에 달려 있다고 하여도 지나친 말은 아니다. 왜냐하면 마무리는 집요함과 집중력을 받쳐주는 생각의 힘으로 결정하는 학습습관 때문이다. 생각의 힘이 강한 이들은 집요함과 집중력을 잃지 않고 끌어온 지식을 적용하고 효율적으로 활용하여 마무리한다. 그래서 지식이 확실하고 정확한 것은 물론 오랫동안 기억까지 할 수 있다. 반면에 생각의 힘이 약한 이들은 내용과 관련된 지식을 끌어와 끝까지 적용하고 활용하지 못해 지식을 부실하고 부정확하게 만든다. 그래서 오랫동안 기억하지도 못한다.

마무리를 잘하는 이들의 학습습관을 들여다보면,

· 생각의 중심을 정확하고 확실한 지식에 두고 마무리를 한다.
· 내용이나 문제를 보고 선입견에 구속되지 않는다. 그래서 문제나 내용에 당황하거나 두려워하지 않고 가지고 있는 지식을 활용하여

끝까지 마무리를 한다.

· 모르는 문제나 내용일 때는 틈나는 대로 생각을 하여 모르는 이유와 원인을 분석하고 같은 실수를 되풀이하지 않도록 한다.

· 특히, 수학 마무리하는 것을 보면 아무리 쉬운 연산이라 할지라도 끝까지 답을 구하여 깔끔하게 마무리한다.

마무리를 어설프게 하는 이들의 학습습관을 들여다보면,

· 생각의 중심을 학습량과 시간에 둔다. 그래서 알기 위한 공부보다 계획한 학습량을 마무리하려는 생각만 하고, 알기 위해 시간을 활용하기보다 시간이 되었다 싶으면 그만하고 남은 것은 다음으로 미룬다.

· 선입견에 구속되어 있다. 어려워 해결하지 못했던 것과 유사한 내용이나 문제를 접하면 당황하여 이해하려는 는 생각조차 못한다.

· 모르는 내용이나 문제일 때는 생각할 수 있는 데까지 해보아야 하는데 그렇지 않고 포기하거나 다음으로 미룬다. 틈나는 대로 생각해 볼 생각조차 하지 않는다.

· 특히, 수학 연산연립을 마무리하는 과정을 보면 눈으로 보아 알 것 같다는 판단이 되면 대충 마무리를 한다. 또는 안 해도 된다고 판단이 되면 마무리도 하지 않고 끝낸다.

. PART 7 .

습관

학습습관

학습활동은 학습능력에 영향을 받고, 학습능력은 학습습관에 좌우된다. 학습능력은 부모로부터 물려받은 유전적인 성품 성향(심리적 안정성, 적극성, 소극성, 대담함, 집요함)과 같은 생각의 흐름이 있다. 이 흐름을 무시할 수는 없다. 하지만 그보다 더 중요한 것은 자신이 가지고 있는 잠재능력을 어떻게, 어떤 방향으로, 어떤 방식으로 개발하고 발휘할 수 있도록 하느냐에 결정적인 역할을 하는 것은 자신을 둘러싸고 있는 환경에 의해 만들어진 학습습관이다.

사회적인 동물인 사람은 누구든지 주변과 관계를 맺고 살아갈 수밖에 없다. 그 관계를 유지 지속하기 위해 말과 행동을 통한 의사소통을 한다. 오늘이 내일 같고 내일이 오늘 같은 일상에서 일어나는 일에 대해 생각을 하고 그에 따라 말과 행동을 통한 의사소통은 상대방에게 영향을 줄 수도 있고, 반대로 상대방으로부터 영향을 받을 수도 있다. 이런 모든 것들이 학습활동이다. 이들의 일부는 의식으로 표출되기도 하지만 거의 대부분은 무의식 상태로 잠재된다. 잠재된 무의식이 자신과 유사한 환경을 접하면 동시다발적으로 깨어나 반응을 하다가 사라지면 더 큰 잠재력을 만들어 잠재된다. 이런 과정이 반복됨으로써 마치 티끌이 모여 태산이 이루어지듯 잠재의식도 하나의 의식의 흐름을 만든다. 그 의식의 흐름은 생각을 행동으로 옮기게 하고, 행동은 의식의 흐름을 더 강하게 흐르게 하여 행동을 하지 않을 수 없게 순환함으로써 습관을 만들어 낸다. 습관은 강한 관성의 힘까지 가지고 있어 중독에 이르게까지 할 수도 있다. 한 번 습관이 만들어지면 다른 생각의 흐름으로 대체되지 않는 한 의지만으로 바꾸는 것은 쉽지 않다. 학습활동에 결정적인 역할을 하는 학습습관도 마찬가지다. 그러니까 악순환이되지 않고 선순환이 되도록 하여야 한다. 맹모삼천지교가 바로 이것이다. '맹모삼천지교'의 가르침이 말해 주듯 교육에는 주변 환경이 매우 중요하다. 왜냐하면 세상 어느 누구도 태어나면서부터 형성된 의식의 흐름을 갖고 있는 것이 아니다. 주변 환경과 관계를 맺고 그 관계를 지속하기 위해 의식적이든 무의식적이든 소통을 통해 생각을 하고 그 생각에 따라 말과 행동을 하면서 의식의 흐름이 생기고 습관도 만들어진다. 물론, 부모로부터 물려받은 유전적인 영향을 전적으로 무시하는 것은 아니다. 어떤 이는 아무리 주변 환경이 좋아도 그 환경에 적응하지 못하는 사람들도 있다. 그뿐만이 아니라 "세 살 버릇이 여든까지 간다." "제 버릇 개 못 준다."는 속담이 의미하듯 타고난 성품과 성향에 따라 생각을 하고, 그 생각을 바탕으로 말과 행동을 하면서 습관이 만들어진다. 이렇게 만들어진 습관은 쉽게 바꾸지 못한다. 학습습관도 마찬가지다.

어떻든, 학습습관은 가정환경, 집중력과 집요함을 만들어 주는 독서환경, 대충하거나 덜렁거리지 않도록 이끌어 줄 수 있는 환경, 연산, 연립을 할 때 정확하고 신속하면서 끝까지 마무리하도록 하여 줄 수 있는 환경 속에서 소통을 하고 그에 따른 생각 그리고 말과 행동에 결정적인 역할을 하여 학습습관까지 만들어 낸다.

학습에 영향을 주는 자극의 질과 정도의 차이가 큰 경우도 있지만 대부분은 가늠할 수 없을 정도로 미미하다. 그렇다고 별것 아니라고 가볍게 생각해서는 안 된다. 주변 환경의 차이가 미세한 것 같지만 마치 이슬비에 옷이 젖는 것처럼 시간이 흘러 세월이 되면서 쌓인 의식이 흐름을 만들고 더 나아가 습관을 만든다. 학습습관에 의한 학습능력의 차이는 생각한 것보다 훨씬 커서 짧은 시간에 극복할 수 있는 것이 아니다. 공부할 때 나타나는 몇 가지 차이를 살펴보자.

① 논리적 사고에 바탕을 둔 능동적 사고로 만들어진 학습습관에서 나오는 생각의 힘과 기억에 의존하는 수동적이고 방어적인 사고로 만들어진 학습습관에서 나오는 생각의 힘의 차이.

② 배경지식을 끝까지 활용하려는 생각의 지구력과 답답하고 귀찮아서 포기하거나 답을 참조하는 생각의 힘의 차이.

③ 내용이나 문제에 대한 지식을 알려고 하는 생각과 학습계획을 처리하려는 생각의 차이.

④ 상대방의 지식을 적극적 수용하여 자신의 지식으로 만들려는 의지와 그 의지를 실행하려는 생각의 차이.

⑤ 독서를 통해 자연스럽게 형성된 글 전체 내용의 이해와 파악하는 능력의 차이.

⑥ 잡념을 극복할 수 있는 집중력과 배경지식의 차이.

⑦ 해야 할 공부임에도 불구하고 답답하고 귀찮다는 이유로 미루거나 피하기 위해 구실을 찾느냐 그렇지 않느냐의 차이.

독서습관

독서를 통해 얻을 수 있는 여러 가지 것들 중에서도 가장 중요한 것은 내용을 논리적으로 이해하고 기억할 수 있는 힘이다. 그러하기 위해서는 책을 읽는 시간 동안 집중할 수 있는 집중력과 독서능력(문장을 읽고 이해할 수 있는 어휘능력과 문장과 문장 간에 논리적으로 이해하면서 읽는 것)이 필요하다.

그래, 맞다. 그렇다면 독해능력을 만들기 위해 어떻게 해야 할까? 어떤 계획은 어떻게 세워야 할지, 책은 어떤 책을 읽어야 할지, 읽는다면 몇 권 정도를 읽어야 독해능력이 만들어지는지 막막하기만 하다. 그렇다고 망설이기만 한다면 소리 없이 내달리는 시간은 흘러 학년만 올라갈 것이다.

저학년에서 고학년으로 갈수록 독서를 통해 독해능력을 만드는 것은 힘들어진다. 그나마 초등학교 때는 강요라도 해서 읽도록 할 수 있지만 중학교 때는 강요해도 읽지를 않고, 고등학교 때는 독해능력이 부족하다는 것을 잘 알고 있으면서도 고민만 하지 독서는 하지 않는다.

주변에 있는 선생님들, 선배님들 모두 "독해능력은 독서습관으로부터 나오는 힘이다."라고 말한다.

그렇다면 독서습관은 어떻게 만들어지는 것일까? 언어영역을 잘하는 이들의 공통된 이야기다.

"어려서부터 책을 접할 기회가 많고 책을 읽고 있는 환경과 끊임없는 상호작용을 함으로써 책에 대한 거부감이 없이 책과 친숙하게 되었다. 그리고 가족들이 책을 읽어 주기도 하고, 책 내용을 이야기로 들려 주기도 하고, 때로는 읽어 본 책을 읽어 보도록 권하기도 한다. 따라서 자연스럽게 책을 읽고 싶은 욕구가 생겨 책을 읽게 됨으로써 독서에 대한 흥미도 생겨 책을 많이 읽게 되었다. 책을 읽는 것으로 끝내지 않고 책 내용으로 토론도 한다. 토론을 통해 글의 흐름과 분위기를 위해 문장 속에 있는 어휘의 의미와 역할, 문장들끼리의 논리적인 관계를 맺고, 이들이 모여 문단을 만들고 또 이들이 모여 글이 완성되는 것을 알려 주었다. 이런 과정 속에서 독서하는 습관도 만들어졌다."고 한다.

습관이 만들어지는 것은 생각의 흐름과 방향이 일치된 행위가 끊임없이 반복되면서 성격이 형성되고 그 성격의 일관성을 갖도록 하는 것을 말한다. 독서습관도 마찬가지다. 어려서부터 책과 함께 하면서 자연스럽게 생각의 흐름이 생기고 그 흐름에 따라 책 읽는 행위를 반복하면서 만들어진 것이다. 이렇게 만들어지는 것과 함께 자신도 성장하면서 학교 학습활동으로 지식도 축적된다. 그에 따라 이해력, 공감능력, 기억능력, 상황 판단에 따른 대처하는 능력도 향상되어 간다.

따라서 독서습관에서 나오는 독해능력의 힘이 확연하게 드러나는 때는 중학교 때보다 고등학교 때다. 앞에서 말한 바와 같이 독서활동과 학습활동으로 축적된 지식의 힘이 고등학교 언어영역에서 발휘되기 때문이다.

언어영역을 잘하는 이들은 언어영역 시험공부를 위해 특별하게 하지 않고 평소 실력으로 시험을 치러도 쉽게 1등급 성적을 받는다. 하지만 상대적으로 언어영역을 힘들어하는 이들은 언어영역 시험을 준비를 위해 많은 시간을 필요로 하고, 많은 시간을 투자한다. 그렇다고 생각한 만큼의 성적을 얻지는 못한다. 그래서 언어영역을 잘하는 이들을 늘 부러워한다. 이들은 그들의 1등급이라는 성적보다 속독하면서도 내용의 흐름을 놓치지 않고 읽는 것, 집중이 흐트러지지 않은 상태로 내용에 공감하는 독해능력을 부러워한다. 왜냐하면 자신들은 글을 몇 쪽 읽지도 않았는데 자연스럽게 잡다한 생각이 밀려와 어떤 내용을 읽었는지 알 수 없었던 지난날의 경험이 선입견처럼 마음속 깊이 자리 잡고 있기 때문이다.

그래서 독서능력이 좋은 이들의 많은 책들을 읽은 것보다 독해능력이 부러움의 대상이다. 그렇다면 부러움에서 그치지 말고 독해능력 향상을 위한 행위를 하여라.

심리학자들에 의하면 어렸을 형성된 성격과 습관이 일관성을 유지하려고 하여 변화시키기란 쉬운 일이 아니지만 청소년기와 성인 초기에는 다른 시기보다 상대적으로 변화가 쉽다고 한다. 이 시기는 정체성이 가장 불안정하고 불확실한 자신의 장래에 대응을 위해 주변 환경과 상호작용이 가장 활발하기 때문이다. 이 과정에서 상호

간에 영향을 주고받으며 그에 따른 갈등을 크게 겪으면서 크고 쉽게 변화를 한다고 한다.

　그러니까 걱정만 하지 말고 시작하여라. 독해능력이 부족하다고 인식한 시점부터 시작하여도 늦지 않다. 시작하여라. 그리고 우물 안 개구리처럼 생각을 스스로 가두지 말고 독서하는 방법에 대한 정보를 찾아라. 좋은 방법은 좋은 정보에서 나온다. 그 정보 중 하나다. 한 권의 책을 읽더라도 실타래가 술술 풀리듯이 이야기를 할 수 있을 때까지 읽어라. 여기서 반드시 필요한 것은 모르는 어휘, 부족한 어휘는 반드시 찾아 암기를 하여야 한다. 그러면 생각의 방에 독서에 대한 논리회로가 만들어지고 그 회로를 통해 글의 흐름을 파악할 수 있다. 회로를 따라 논리적으로 잘 흐르고 있다는 것은 집중력을 바탕으로 한 독서가 되어 글의 내용을 정확하고 빠르게 파악할 수 있다는 것이다. 이런 식으로 몇 권의 책을 읽으면 독해능력은 물론 독서습관도 형성된다. 그러니까 당장 시작하여라.

　독서는 학습의 시작이고 좋은 학습능력을 위한 필요조건이다. 마치 농부가 가을에 풍성한 수확물을 얻기 위해 땅을 기름지게 일구는 것과 같다. 그래서 마음속 깊은 곳에서 집중력과 생각의 지구력 향상을 위해 독서를 열심히 하겠다고 다짐하는 선에서 그치지 마라. 또 책을 읽으려고 할 때마다 시간이 없다는 핑계를 앞세우지 마라. 실행 의지를 가지고 실천을 하면 빠른 시간 안에 습관이 형성되고 독해능력이 향상된다. 기존에 하던 습관을 버리고 새로운 방향의 습관을 만드는 것이 생각만큼 쉬운 일이 아니다. 한 번 형성된 성격과 습관은 일관성을 유

지하려는 본질 습관에서 생긴 관성의 힘 때문에 전환시키기는 어렵다
고 한다. 맞다. 그러니까 이 점을 먼저 인정을 하고 굳은 실행 의지로
시작하여라.

생각의 지구력을 만드는 습관

공부가 힘들고 고통스러운 것은 집요함과 집중력을 받쳐 주는 생각의 지구력이 약해 논리적으로 생각을 하지 못하면서 생긴 학습습관 때문이다. 생각의 지구력이 받쳐 주지 않은 생각은 힘이 약해 잡념에 쉽게 지배되어 집중할 수 없다. 집중하지 못한 상태에서 얻은 지식은 부실하고 부정확하여 지식으로서 역할을 하지 못한다. 또한, 그 지식은 논리적인 생각을 이끌 수 없어서 생각의 지구력을 악화시키는 악순환으로 이어진다. 그래서 악순환의 고리를 끊지 않는 한 공부에 집중할수 없다.

1. 어떻게 만들 수 있을까?

생각의 지구력은 논리적으로 이해를 하려고 하거나 생각을 할 때 집요함과 집중력을 받쳐주는 힘으로 이때 만들어지고 길러지는 것이다. 그래서 이 힘을 만들고 향상시키기 위해 해야 할 것은 독서와 수학이다. 독서는 단순히 글을 읽고 내용이 무엇인지 아는 정도에 그치는 것이 아니고 글의 전개 과정에서 흘러가는 논리적 과정까지 배우는 것이다. 그때 필요로 하는 힘이 바로 집요함과 집중력이다. 수학도 단순히 문제를 풀어 답을 구하는 선에서 그치는 것이 아니고 답을 구하는 과정에서 개념적 지식을 적용하고 활용할 때 논리적인지 그리고 식들 간에 논리적인 연관관계를 갖는지 확인을 한 다음 식들 간에 연립과 연산 과정을 거친 후 답을 구하는 과정이다. 이런 일련의 과정이 생각의 지구력을 만들고 향상시킨다.

세상 모든 일이 그렇듯 한두 번 시도해서 원하는 결과를 얻는 것은 거의 없다. 마라톤을 완주하기 위해서나, 200m 허들 경기를 할 때 필요로 하는 지구력을 만들기 위해서나 목표 의식과 적극적인 실행 의지가 있어야 한다. 그래야 만이 힘들고 고통스러워도 참고, 참을 수 있어 끝없이 반복된 운동 결과로 얻어지는 것이다. 생각의 지구력도 마찬가지다. 독서를 통해 생각하는 습관을 만드는 것도 마찬가지다. 어느 누구든 처음부터 보는 책의 내용을 논리적으로 이해하고 기억할 수는 없다. 자신에게 맞는 책을 보면서 형성되는 것이다. 마치 상대방이 들려주는 이야기를 들을 때는 소리를 청각기관을 통해 인식을 하고 뇌로 생각하는 것처럼 독서는 작가가 문자로 들려주는 것을 시각기관을 통해 인식을 하고 뇌로 생각하는 것이다. 다만, 독서는 적극적으로 책을 선택해서 보려고 해야 하고 앞 내용을 논리적으로 기억하여 생각을 유지시켜야 하는 점이 다르다. 그 생각의 힘은 바로 독서를 통해서만이 만들어진다는 것이다. 수학도 마찬가지다. 개념을 포함한 쉬운 문제부터 풀어 가면서 개념을 익혀 자신감을 얻는 것부터 출발해야 한다. 과감하게 문제에 덤벼서 개념을 적용하고 활용하여 답을 구하기 위해 끝까지 버티는 것이다. 그렇다고 솔직히 쉽게 식을 만들고 답을 구하는 것은 아니다. 어쩌면 그러하기 때문에 식을 만들고 답을 구하는 과정에서 생각하는 힘을 강하게 만들 수 있는 것이다. 어떤 지시적 어휘에 미지수를 주고 그에 따른 식을 어떻게 만들 것인가? 어떤 지식은 적용하고, 어떤 지식은 적용하지 못해 식을 만들지 못하였는지? 만들어진 식은 식들 간에 관련성은 있는 것인지? 연립 연산은 어떻게 해야 빠르고 정확하게 할 수 있을 것인지? 나름 순간순간 강력한 집중력을 발휘하여 접근을 한다. 바로 이런 접근하는 과정에서 논리적인 생각의 흐름을 만드는 학습습관을 만드는 것이다.

체력적으로 지구력이 약한 사람이 평소에 유산소 운동이나 근력 운동을 열심히 한다고 하지만 정작 근력과 지구력을 강화시켜 주는 훈련을 하지 않아 근력과 지구력이 약하다는 것이다. 그래서 이들은 근력과 지구력을 필요로 하는 일 앞에 설 때는 시작을 망설이다 피하거나, 비록 시작은 하지만 지구력의 한계를 극복하지 못하고 포기한다. 생각의 지구력이 약한 사람도 마찬가지다. 집중하여 생각을 길게 해야 하거나, 집요하게 접근하여 해결해야 하는 것은 피한다. 그래서 생각을 길게 해야 하고 긴 집중을 필요로 하는 독서나, 내용이나 문제가 복잡해서 관련된 지식을 끌어와 적용할 때 분석을 하고 구분 지어 논리적으로 관계를 갖게 해야 하는 부담이 먼저 앞서 생각의 중심을 유지하기 어려워진다. 그러면 접근한다 할지라도 내용들이 서로 엉켜 뭐가 뭔지 모르게 뒤죽박죽이 된다. 그래도 의지를 가지고 생각을 진행시켜 보려고 하면 할수록 생각해야 할 자리에 답답함과 짜증만 가득 채워져 더 생각을 진행하지 못하고 미루거나 포기한다.

결국, 지구력은 강화시키지 못하고 그 자리를 맴돌게 된다.

반대로, 체력적으로 근력과 지구력이 강한 이들이라고 하여 어찌 고통과 포기하고 싶은 생각이 없었겠는가? 힘들면 미루거나 그만둘까 망설이기도 하고, 때로는 포기하고 싶을 때도 있었지만 끊임없이 자신을 다독이면서 적극적인 실행 의지를 앞세워 힘들어도 참고 만든 것이다. 생각의 지구력이 강한 이들도 마찬가지다. 문제나 내용이 복잡하거나 이해하기 어려울 때면, 귀찮으니까 그만둘까?, 조금만 더 생각해 볼까? 갈등을 수없이 하는 것은 당연하다. 하지만 '알아야겠다.'는 욕구와 의지를 앞세워 조그마한 관련된 지식이라도 있는지 찾아서 적극적으로 적용하고 활용했던 것이다. 끊임없이 반복된 학습 과정이 습관을 만들고 생각의 지구력을 강하게 만들었던 것이다.

강한 생각의 지구력이 만들어짐으로써 강한 집요함과 집중력을 만들고 이들은 지식을 정확하고 확실한 지식을 만드는 선순환이 되었던 것이다.

생각해 보라. 이들이라고 어찌 생각의 흐름이 논리적으로만 흐를 수 있겠는가? 때로는 생각의 흐름이 막히기도 하고 방해를 받지 않았겠는가? 그렇다고 하여 복잡하고 어렵다는 이유로 미루거나 피했더라면 어떻게 되었겠는가? 생각의 지구력의 향상은 기대할 수가 없는 것은 당연하고, 학습능력의 향상도 기대할 수 없었을 것이다. 그러니까 관련된 지식이 조그마한 것이라도 있으면 적극적으로 끌어와 적용하고 활용해 보면서 집요하게 덤벼서 버텼냐? 그렇지 않았느냐?의 차이다. 그 결과는 측정이 불가능한 생각의 지구력의 크기에서 나오는 실력의 차이일 것이다.

2. 궁금한 것을 대응하고 대처하는 태도

① 별생각 없이 지나친다.
② 궁금한 점이 있지만 "귀찮으니까 다음에 생각해 보자."는 합리화를 하고 지나친다.
③ 궁금한 점이 있을 때 그냥 지나치지 않고 알고 싶어 묻는 경우에도 다르게 대응한다. 첫 번째, 설명을 들었는데 충분히 이해를 못하였으면서도 더 이상 묻지 않고 넘어간다. 두 번째, 충분한 이해를 못 하면 다시 묻고 해결한다. 셋째, 다시 물었는데도 이해가 안 될 때는 이해를 위해 참고 자료를 찾아가면서까지 해결한다.

③의 두 번째와 세 번째는 궁금한 것에 대한 집요함이다. 어떻게 이해를 해야 할까?, 어떤 지식이 필요할까?, 어떻게 접근을 해야 할까? 알고 싶은 쪽으로 생각의 흐름이 모임으로써 문제를 해결하기 위한 분석을 하고 방법을 찾아낸다. 그렇다고 항상 해결 방법을 찾는 것은 아니다. 하지만 비록 해결 방법은 찾지 못했다 할지라도, 동원된 지식의 활용 방법은 알게 되었고, 이는 이후에 접근하는 문제를 해결하는 발판이 되었다는 사실이 중요하다.

이와는 다르게 ②와 ③의 첫 번째는 궁금한 것이 있을 때, 분석을 하고 논리적으로 이해를 하고 싶은 생각은 한다. 문제는 생각으로 그치고, 궁금증을 해결하려는 실행 의지를 적극적으로 보이지 않는다. 이유는 간단하다. '귀찮으니까 다음에 하지 뭐.'라는 구실로 대고 미루거나 피하는 습관 때문이다. 그 습관 밑바닥에는 생각의 힘인 지구력이 약해 깊고 길게 생각할 때, 머릿속이 복잡하고 답답함을 맞닥뜨리기 싫을 뿐만 아니라 답답한 상황을 빨리 벗어나고 싶은 생각이 알고 싶은 생각을 앞서기 때문이다. 핑계의 구실을 찾아 피할 수 없는 상황을 마주할 때도 있다. 그러면 '시간이 없다.'는 구실을 핑계로 대충 처리하고 상황이 종료되면 끝이다.

3. 그냥 덤벼서 버틴다

수학 문제를 풀 때, 문제를 읽고 풀 수 있을까? 없을까? 간을 보면서 접근하는 이들보다 별생각 없이 그냥 접근하는 이들이 더 잘한다. 간을 보는 것은 문제의 내용과 잡다한 생각이 섞이는 것이어서 문제를 향한 집중의 힘이 떨어진다. 그냥 접근해서 지시하는 의미대로 따라가면서 필요한 지식을 끌어와 집요하게 적용하고 활용하는 것은 집중하지 못해 접근을 포기하는 것과는 다르게 집중의 힘이 강해 생각의 지구력뿐만 아니라 동원된 지식의 확장성을 갖게 만들기까지 한다. 그러니까 실오라기만 한 관련된 지식이 있으면 버텨라.

· 문제가 요구하는 식이 만들어지지 않을 때, 지시하는 어휘의 의미

를 해석하기 위해 몇 번이고 정독하여라. 다시 말해, 눈으로 훑어보지 말고 뇌로 읽으라는 뜻이다.

· 관련된 것이라고 끌어온 지식이 관련이 있는지 없는지, 관련이 있다면 정확한 지식인지 아닌지 확인하여라. 만약에 부정확하고 불확실한 지식이면 정확하고 확실한 지식으로 만드는 기회로 삼아라.

· 생각나는 대로 끌어온 지식이 서로 뒤엉키게 하여 혼란스럽게 되었는지 확인하여라. 그렇다면 하나씩 구분하여 적용하여라.

· 식과 식의 관계, 식과 식의 관계를 살펴 구체화시켜 논리의 흐름을 찾아라.

· 불확실한 경험한 지식이 먼저 다가오는 순간 생각의 흐름을 바꿔 관련된 지식을 먼저 적용하고 활용한 다음 경험을 활용하여라. 과거의 불확실한 경험의 지식은 생각의 흐름을 방해하기도 하고, 문제가 요구하는 방향과는 다른 방향으로 흐르게 할 수도 있기 때문이다.

이런 모든 과정마다 생각의 지구력이 만들어지고, 적용되는 지식의 확장성이 만들어진다. 그러니 접근하여 활용한 지식은 반드시 복습을 하여 자신의 지식으로 만들어라. 그러면 문제에 덤비고 버틴 결과물은 생각 이상으로 클 것이다. 결과물 중에서도 자신감뿐만 아니라 생각의 지구력을 강화시킬 수 있는 학습습관이다.

언어영역에서

독서습관은 물론 어휘를 풍부하게 할 수 있는 골든타임은 중학교 때까지라고 생각한다. 왜냐하면 아직 대학입시로부터 자유롭고, 잡다한 생각으로부터 자유롭고 그리고 정서적 공감을 쉽게 할 수 있기 때문이다. 그런데 안타깝게도 우리는 중학 때까지 풍부한 어휘와 독서능력에 대한 중요성을 깨닫지 못한다. 글을 읽는 것의 전부는 학교 교재인 국어책이다. 책 내용에서 모르는 어휘가 있어도 내용을 이해하는 데 크게 어려움이 없어서 굳이 영어 단어 검색하여 외우듯이 하지 않아도 되니까 어휘가 부족하다는 것을 인식하지 못한다. 또, 학교에서 실시하는 중간 기말고사에 출제되는 내용은 정해진 범위에 선생님의 설명 위주로 출제되니까 독서의 목적과 독해능력이 중요하다는 것도 깨닫지 못한다.

글을 읽는 목적은 학교 시험에서 출제되는 글이든 그 외에 어떤 글이든 작가가 전달하고자 하는 메시지에서 즐거움과 교훈을 얻는 데 있다. 그런데 학교 시험은 본래 목적과는 다르게 좋은 성적을 얻기 위해 준비하면 된다. 따라서 시험 범위와 관련된 문제를 많이 몇 번이고 풀어서 좋은 시험 결과만을 가져오는 것이 국어 공부의 모든 것이라고 생각하기 때문에 시험공부 외에는 책을 읽지 않는다.

그러다 보니 독서를 통해 얻을 수 있는 생각의 힘을 떠받쳐 주는 생각의 지구력을 만들지 못하고 오히려 나쁜 습관이 만들어져 책을 읽는 것을 좋아하지 않는다. 막상 책을 읽으려고 펼쳐 들면 '많은 양을 언제 다 읽지?'라는 귀찮은 것은 물론 답답함이 생각을 덮쳐 집중하여 책을 읽을 수 없기 때문에 한 권의 책을 제대로 읽지 못한다.

풍부한 어휘와 독서능력을 만들어 내는 독서습관이 필요하다는 것을 깨닫는 때가 바로 고등학교 때다. 고등학생이 되어 언어영역 모의고사를 펼쳤을 때, 장문의 지문을 보고 깜짝 놀랄 것이다. 긴 문제의 지문이 마음을 답답해지게 하면서 독서능력이 부족하다는 것을 드디어 깨닫게 된다. 우리는 충격인 경험을 하고 나서야 비로소 깨닫고 후회를 한다. 문제는 깨닫게 되었으면 다음에는 절대로 같은 경험을 하지 않기 위해서 모르는 어휘도 외우고, 독서량을 늘리면 얼마나 좋을까? 불행하게도 우리는 시간이 지나면 그때의 깨달음을 새까맣게 잊고 개선하지 않는다.

늘 생각은 한다. 책을 읽으면서 독서능력, 지구력, 집중력을 만들어야 한다고. 생각으로 그치고 실행을 하지 않는다. 언어영역 문제의 긴 지문을 읽고, 이해하고, 기억하여 문제가 요구하는 답을 골라야 한다는 생각을 하면 턱밑까지 숨이 막힐 정도로 답답해진다. 이럴 때면 책을 읽으려고 책을 펴면 기다렸다는 듯이 찾아오는 잡생각, '수백 쪽을 언제 다 읽지? 이 책을 읽는다고 수능에 도움이 될까? 차라리 영어나 수학 공부를 하는 것이 더 낫지 않을까?' 펴 놓은 책을 읽을 수 없게 한다.

많은 책을 읽어야 만이 독서능력이 만들어진다는 생각은 잘못된 생각이니 버려라. 수능을 앞세워 시간이 없다는 조급증을 버려라. 그리고 빈둥거리며 나태함을 즐기는 시간을 이용하여 수능과 관련된 책을 통독하면서 집요함을 만들고, 모르는 어휘는 반드시 찾아 영어 단어 암기하듯 외어 어휘를 풍부하게 하여라. 그러면 독서능력이 만들어지는 것은 물론 더불어 지시적 어휘들로만 이루어진 수학 문제를 보다 잘 이해할 수 있게 된다. 그래서 언어영역을 잘하는 이들이 대부분 수학을 잘한다. 만약에 수학을 잘 못한다면 수학 공부를 많이 하지 않는 게으름 때문이거나, 스스로 수학이 싫다고 고정관념을 만들어 놓기 때문이다. 반대로 언어보다 상대적으로 수학을 잘하는 이가 언어영역을 못하는 것은 독서능력이 부족하고 독서할 때 필요한 긴 마라톤과 같은 집중력이 없기 때문이다.

그러니까 고등학교 때는 학습량이 많다는 구실을 들어 시간 타령하면서 책 읽지 않는 나쁜 습관을 버리고, 책을 읽어 독서능력을 향상시켜라.

수학에서

연산연립 처리과정

연산을 단순한 계산이라고 생각하는 이들이 생각보다 많다. 그리고 이들은 연산을 틀리면 단순한 '실수였다. 잘못 보았다.'라고 생각하고 그냥 넘긴다. 연산은 강한 집중력과 집요함을 토대로 이루어지는 것으로 '수학능력, 수학의 흥미의 시작이다.'라고 말할 만큼 매우 중요하다. 연산을 할 때 단순하게 사칙연산을 하는 것이 아니고 수들 간에 관련성을 찾고, 수들 간에 규칙을 찾고, 더 나아가 규칙이나 조합을 이루게 하여 정확하고 빠르게 하는 것으로 매우 중요하다.

따라서 연산능력 차이가 수학능력의 차이라고 하여도 지나친 말은 아니다. 왜냐하면 연산을 할 때, 수들 간에 관계를 어떻게 찾아 어떤 방식으로 접근하여 연산하느냐에 따라 신속성과 정확도에서 현저하게 차이가 나타나고, 논리적 사고에 중심을 두고 눈과 손을 이용하여 접근하느냐 아니면 논리적인 사고보다 눈과 손에 의존하여 접근하느냐에 따라 생각하는 습관의 차이를 만들어내기 때문이다.

연산능력의 차이로 발생하는 시간이 시험 시간일 때는 시간의 가치를 가늠할 수 없을 정도로 중요하다. 왜냐하면 문제 하나만을 기준으로 할 때는 별 차이가 없는 것 같지만 '티끌 모아 태산이 된다.'는 속담에서 말해 주듯 문제 수가 많아서 시간의 차이가 합해지면 풀이한 문제를 검토하여 틀린 것을 찾을 수도 있고, 해결하지 못한 문제를 해결하여 합격의 당락을 결정지을 수도 있기 때문이다.

연산능력은 짧은 시간에 만들어지는 것이 아니다. 집요함과 집중력을 바탕으로 성실하게 지속적으로 헤아릴 수 없이 반복할 때만이 만들어지는 능력이다. 그러니까 연산을 단순히 수셈으로 생각해서 '연습하면 언제든지 잘할 수 있다.'는 착각을 하고 크게 신경을 쓰지 않는 우를 범해서는 안 된다.

어쩌면 '연습하면 언제든지 잘할 수 있다.'라는 말속에는 상대방이 잘하는 것을 애써 깎아내리는 듯한 감정을 담고 있는 표현이기도 하고, 핑계 거리를 삼아 연습을 미루는 것을 합리화하는 말이기도 하다. 그런데 이들의 속마음을 솔직하게 말하면 승부근성인 집요함이 약하기 때문이다. 그러니까 연산을 할 때 논리적인 사고를 바탕으로 집중하여 수들 간에 관계와 규칙을 찾아 빠르고 정확하게 연산하는 습관을 만들도록 하여라.

생각 속에 지식을 오래
머물도록 하는 습관

기억의 시간의 길이를 결정하는 것은 내용이나 문제를 향한 생각의 중심의 크기와 생각 속에 머무는 시간이다. 생각 속에 오래 머물도록 하는 방법으로 이미지 맵핑, 시뮬레이션, 복습이 있다. 어느 것을 하든 생각 속에 지식을 오래도록 붙잡아 두면 생각 이상으로 기억을 오래 할 수 있다. 그리고 우리는 이들을 구분하여 사용하는 것은 아니지만 가장 많이 사용하는 것은 복습이다. 복습도 단순히 눈으로 훑어보는 정도의 복습이 아니라 정말 알고 있는지 확인하는 복습이어야 하고, 이해할 수 있다는 정도로 그치는 것이 아니라 알아야겠다는 적극적인 의지로 해야 하는 복습이어야 한다. 그럴 때만이 '이해할 수 있다 없다. 답을 구할 수 있다 없다.'로 머무는 것에 그치지 않고 기억을 오래오래 할 수 있다. 예컨대, 내용이나 문제 중에서 모르거나 이해할 수 없는 것을 접했을 때, 과감하게 관련된 지식을 끌어와 적용하고 활용하면서 생각의 힘이 다할 때까지 버티는 것이다. 버티는 시간 동안은 어느 때보다 더 집중력이 발휘되면서 강한 이미지를 만들어 낸다. 궁금한 부분이

해소되지 않았을 때는 틈나는 대로 생각해 본다. 이런 일련의 과정이 생각 속에 오래도록 머물도록 할 것이고 기억의 시간을 길게 만들어 준다. 반대로, 궁금한 것이 있을 때 관련된 지식을 동원하기보다는 해설을 참고하거나 질문을 하여 설명을 듣고 이해하는 수준에서 마무리를 한다면 생각 속에 머무는 시간이 짧은 만큼 뒤돌아서면 기억 속에 남아 있지 않을 것은 뻔하다. 그러니까 기억에 없다고 기억의 능력을 의심하지 말고 지식을 대할 때 어떤 생각으로 대하고 생각 속에 얼마나 오랫동안 머물게 하는지를 먼저 생각해 보라.

　'알아야겠다.'와 '이해할 수 있다.'에서 적극적 의지와 생각 속에 머무르게 하는 생각의 차이는 가늠할 수 없을 정도로 크다. 예컨대, 모르는 수학 문제를 질문하고 설명을 들은 후에 대처는 하는 차이에서 쉽게 알 수 있다. '알아야겠다.'는 적극적 의지를 갖지 않는 이들은 설명 내용을 이해할 수 있다고 판단이 된다 싶으면 질문한 문제에 대해 몰랐던 원인과 이유를 생각해 볼 겨를도 없이 그냥 다른 문제를 질문하거나 다른 문제로 생각을 옮기거나 공부와 관련이 없는 생각을 한다. 그러니 생각 속에 설명이 머물기는커녕 다른 문제로 생각의 자리를 넘겨주어야 하기 때문에 기억의 시간을 만들 수 있는 시간적인 여유가 없다. 뒤돌아서면 잊어버리고 기억 속에 없는 것은 당연하다. 문제를 이해할 수 없어 질문을 하였으면 문제를 끝까지 자신의 지식으로 만들려고 해야 하는데 그러지 않는다는 것이다. 다시 말해, 설명을 들었으면 설명을 토대로 접근할 수 없었던 이유가 정확하게 무엇인지 되짚어 보고, 또다시 풀어 보면서 문제를 해결할 수 있을 정도의 이해가 되었는지 확인하는 과정을 거치지 않는다. 그렇기 때문에 생각의 깊이가 만들어질 수 없어 기억을 오랫동안 할 수 없는 것은 물론 지식의 활용도를 높일 수 없다. 이런 올바르지 못한 나쁜 학습습관부터 버려라.

이와 같은 것이 안타깝고 답답한 마음에

'모르는 원인과 이유를 찾아서 메모는 하였니?'

'충분히 이해를 하였니?'

'뒤돌아서서 풀어 보도록 하면 풀 수 있겠니?'

'다른 문제를 접했을 때 이 문제를 이용하여 응용력을 발휘할 수 있겠니?'

라고 물으면 하나 같이 "네."라고 답을 한다. 하지만 다음 시간에 설명했던 내용을 확인해 보면 띄엄띄엄 기억하거나, 기억에 없거나 있다고 하더라도 부정확하고 부실하기 그지없다. 그러니까 질문을 하고 설명을 들은 내용을 토대로 모르는 이유를 찾고, 이해를 확인하는 일련의 과정을 통해 생각 속에 지식을 오랫동안 붙잡아 기억할 수 있도록 하여야 한다.

미루거나 피하는 습관

우리는 미루거나 피할 때 '조금만 있다가 하자. 몇 분만 있다가 하자. 다음에 해도 된다.'는 구실을 들이댄다. 특별하게 해야 할 일이 있어서 뒤로 미루는 것도 아니고 일단 책과 마주하면 답답하고 귀찮아서 그 상황을 벗어나려는 것이다. 그런 다음 휴대폰으로 이것저것 검색을 하거나, 그냥 빈둥거리면서 시간을 보낸다. 이렇듯 공부와는 거리는 먼 것들로 머릿속이 가득 채워진다. 그러면 '조금 있다' 공부하겠다는 약속은 거의 지켜질 수 없다. 약속을 꼭 지켜야 한다는 책임감도 없다 보니 편할 대로 손바닥 뒤집듯 약속을 뒤집는다. 설령, 약속을 지켜 공부를 한다고 하더라도 공부와는 거리가 먼 것들로 이미 머릿속이 채워져 있어서 집중할 수 없다. 그래서 논리적인 생각으로 접근하기보다는 공부했던 기억을 더듬다가 생각나지 않으면 대충하고 끝낸다. 문제는 이와 같은 행위를 습관처럼 반복한다는 것이다.

이들의 생각을 들여다보자. 자기주도적이고 적극적으로 해야 할 상황을 맞닥뜨리면 미루거나 피하려는 소극적인 생각부터 하고, 누군가가 나서서 그 상황을 처리해 주기를 바라는 의존적인 생각을 한다. 왜 그럴까? 복잡하여 논리적으로 깊이 생각해야 할 것은 피하고 쉽고 편한 쪽으로 생각하던 습관으로 생각의 지구력이 약해져 있고, 지구력이 약하다 보니 집중력이 약해 어렵고 힘든 내용이나 문제는 접근 자체를 싫어하게 되어 배경지식을 쌓지 못하는 악순환이 반복되기 때문이다.

가령 학교 시험공부도 마찬가지다. 시험 날짜가 턱밑까지 다가오기 전에는 시험 날짜로부터 며칠 남았는지 날짜 셈을 하며 시간을 보낸다. 그렇다고 공부를 전혀 안 하는 것은 아닌데 평소 학습습관으로 배경지식과 지구력이 약해 집중력 있게 하지 못한다. 시험 날짜가 임박해 올 때까지 차일피일 미룬다. 그러다가 날짜가 턱밑까지 다가오면 일정표를 수정하여 시간을 빠듯하게 세운다. 막상 시작하면 계획을 세울 때 생각보다 시간이 많이 걸려 시간이 부족하다는 것을 비로소 깨닫는다.

시간적으로 여유가 없어 서두르고 허둥대다 생각의 중심을 잡지 못해 마음에 여유까지도 없다. 덩달아 생각의 유연성은 없고 경직되어 논리적인 접근보다 시험에 필요하다고 생각되는 것만 암기를 하게 된다. 일명 벼락치기 시험공부를 한다. 시험에 필요하다고 생각되는 부분만 보고, 외우고 싶은 것만 외우고, 듣고 싶은 것만 듣고, 어렵고 귀찮다고 생각되는 것은 시험에 나오지 않을 것이라는 자의적인 판단으로 제외한다.

그뿐만이 아니다. 궁금한 것을 질문해 놓고 수용하는 태도에서도 드러난다. 상대방의 지식을 자기 것으로 만들려는 마음에 여유가 없다. 생각이 자기중심적으로 기울어져 있어서 상대방의 설명에 공감을 한다고 하면서도 복잡하거나 깊은 생각을 필요로 하는 것이면 수용하지 않는다. 설령, 수용한다고 하더라도 그 설명 내용을 수용하여 자신의 지식으로 만들어 시험을 치르기에는 시간이 없다는 구실로 듣는 것으로 그친다.

그러니까 미루거나 피하고 싶은 생각이 밀려오면

'구실이라고 찾은 것이 매번 같은 것이면서도 미루거나 피하는 자신이 초라하지 않은지?'

'미루거나 피하는 습관으로 만들어진 생각의 힘이 약한 것 때문은 아닌지?'

'아무런 이유 없이 미루거나 피하는 것을 습관처럼 하는 자신이 한심스럽지는 않은지?'

'미루고 또 미루는 것은 무엇일까? 독서다. 그 이유는 책을 볼 수 있는 힘인 생각의 지구력이 약해서는 아닌지?'

스스로에게 물어보라.

그리고 벌떡 일어나 꿈을 실현하기 위해 서두르지 말고, 답답해하지 말고 과감하게 덤비고 버텨서 단순한 암기지식이 아닌 충분한 이해의 과정을 거친 논리적인 지식을 쌓아라. 이렇게 차곡차곡 지식이 쌓이면 머지않아 그런 좋지 못한 습관으로부터 탈출할 수 있게 될 것이다.

확인 테스트를 하여
부족한 지식을 채우는 습관

공부하는 누구나 어떤 형식의 평가든 피할 수 없고 그것으로 인한 스트레스는 감당해야 할 숙명적 과제와도 같다. 평가에는 타율적으로 하는 평가와 자율적으로 하는 자가평가가 있다. 타율적으로 하는 평가는 학교에서 실시하는 평가로 정해진 과목에 정해진 범위를 일정 기간 동안 공부한 것에 대해 얼마나 많은 지식을 알고 있느냐는 것을 목적으로 하고, 자율적인 평가인 자가평가는 공부한 지식을 정확하고 확실하게 알고 있는가를 목적으로 하는 평가이다. 타율적인 평가는 부족한 지식을 집중적으로 공부를 하여 평가를 받는 것은 아닌 반면에 자가평가는 부족한 지식을 집중적으로 공부하여 채우는 평가다. 따라서 자가평가로 지식을 쌓아 타율적인 평가를 받는 것이 좋다.

타율적인 평가는 객관적이고 상대방과 비교할 수 있고, 자신의 위치를 가늠할 수 있지만 평가로 받는 스트레스가 크다. 자율적으로 하는 자가평가는 부족한 지식을 찾아 평가하여 부족한 지식을 채울 수 있지만 주관적 판단으로 이루어진 것이어서 부족한 지식을 정확하고 확실하게 채워졌는지 가늠하기 어렵다.

어떤 평가든 평가로부터 받는 스트레스 때문에 달갑지 않다. 하지만 평가를 함으로써 평가를 위해 준비하면서 적극적이고 열정적으로 지식을 쌓기 위해 노력을 하게 되고, 평가 결과로 나타난 부족한 지식을 채울 수 있는 기회로 삼을 수 있다. 그래서 평가로 받는 스트레스보다 평가를 준비하면서 얻는 지식의 가치가 훨씬 더 크기 때문에 적절한 평가는 해야 한다. 물론, 과도한 평가는 많은 스트레스를 받기 때문에 오히려 정신건강을 해칠 수 있다. 평가 자체가 스트레스이어서 스트레스를 받지 않을 수 없다. 다만, 스트레스를 적게 받으면서도 부족한 지식을 채울 수 있는 평가가 확인하는 복습이다. 이 복습은 자율적이고 적극적으로 하는 것으로 알 수 있다고 판단이 될 때까지 몇 번이고 반복해서 하는 가장 효과적인 방법이다.

문제는 확인하는 복습을 몇 번이고 한다는 것이 말로는 쉽지만 행동으로 옮기는 것은 결코 쉽지 않다. 특히, 적극적이지 못하고 소극적이거나, 자기주도적이지 못하고 의존적인 학습습관을 가진 이들은 하고 싶은 생각은 하지만 행동으로 옮기지는 못한다.

이들은 구체적이고 실천 가능한 계획을 세우기보다는 자신의 능력과 실행력을 고려하지 않는 막연한 계획을 세우고, 공부를 열심히 하는 상대방을 부러워는 하지만 자신은 열심히 하지 않고 생각에 그친다. 그러면서도 항상 '열심히 공부하면 꿈을 이룰 수 있다.'는 막연한 희망 섞인 생각을 한다. 그런데 아이러니하게도 어떻게 하는 것이 '열심히' 하는 것인가를 모른다는 것이다. 공부를 열심히 한다는 것은 단지 시간을 늘려서 책상에 오랫동안 앉아 있는 것이 열심히 하는 것이 아니고, 공부한 지식의 상태를 확인을 하여 부족하면 채우고 부정확하면 정확하고 확실하게 차곡차곡 쌓아 쌓은 지식이 응용력을 갖도록 하는 것이다.

그렇다면 지식을 쌓는 최고의 방법은 무엇일까? 공부한 것을 잊지 않는 것이다. 잊지 않는 최의 방법은 확인하는 복습이다. 그런데 소극적이거나 의존적인 이들은 확인하는 복습을 싫어한다. 그만한 이유가 있다. 막연하게나마 '이해할 수 있다거나, 알 수 있다.'고 생각하고 있던 것들이 평가를 하여 모르는 것으로 판명될 때 자신에 대한 실망감을 마주하기 싫다. 또, '열심히 공부하면 꿈을 이룰 수 있다.'는 희망의 끈을 유지하고 싶은 생각마저 잃어버릴까 하는 두려움 때문이다. 이렇게 불안감을 마음 한구석에 둔 채 평가를 피하는 것은 그 순간을 모면하기 위한 것에 불과하지 않는가?

생각해 보라. 평가를 하지 않는다면 부족한 지식이 무엇인지, 지식의 상태가 어떤 상태인지 어떻게 알 수 있겠는가? 막연하게 알 수 있다는 희망 섞인 생각으로 착각을 할 수도 있지 않겠는가? 그러니 반드시 평가를 하여 부족하고 부실한 지식을 정확하고 확실한 지식으로 만들어 마음 한구석에 자리하고 있는 꿈에 대한 불안감을 떨쳐라. 그리고 무엇보다도 먼저 소극적이거나 의존적인 나쁜 습관을 버리고 과감하게 평가든 확인하는 복습이든 반복하면서 지식을 쌓아 자신감을 충전하여라. 그렇다. 자신감에 찬 자신의 모습을 그려보아라. 꿈을 이루게 되는 날 보게 될 자신의 모습을 생각하여 보아라. 어정쩡하고 껄쩍지근한 상태로 남겨둔 복습 때문에 자신감 없는 모습을 상상하면 너무 초라하지 않는가?

시간 타령하는 습관

시간 타령하는 이들의 일상과 생각의 흐름을 들여다보자. 이들은 시간 타령한 만큼 시간을 효율적으로 활용하지 못한다. 공부할 수 있는 시간적인 여유가 있거나, 공부하기 좋은 환경에 놓이면 잡다한 생각을 하면서 집중하지 못한 상태에서 공부를 하거나, 잠을 잔다. 또, 단체 행동을 해야 할 일이 있거나, 공부 아닌 다른 일을 하도록 부탁을 하면 유별나게 공부할 시간 없다고 시간 타령하면서 호들갑을 떤다. 그러니까 가정학습을 할 때도 나타난다. 내용을 알기 위해 하기보다 해야 하니까 마지못해 의무감에 하는 꼴이다.

이런 습관을 이들은 정신적으로 부담을 주거나, 답답하고 귀찮은 것을 마주할 때는 미루거나 피하려는 구실을 찾아 벗어나려는 생각하고, 정작 시간이 있어서 맘먹고 공부를 시작하지만 평소 시간 타령하던 학습습관 때문에 집중하지 못하고 허둥댄다.

1. 독서할 때

긴 시간 동안 집중해야 하는 것은 물론 앞에 읽었던 내용을 생각하면서 읽어야 하는 독서는 생각조차 할 수 없다. 왜냐하면 답답하거나 귀찮으면 미루거나 피하는 습관으로 많은 쪽수를 긴 시간 동안 읽어야 한다는 심리적 부담감 때문이다. 하지만 아이러니하게도 독서로 독해능력을 향상시켜 언어영역을 잘하고 싶다는 항상 뇌리에 맴돌고 있다. 그래서 책을 읽어 보려고 수도 없이 시도해 보만 책을 읽기 시작한 지 얼마 지나지 않아 시간 타령하던 습관이 생각을 지배한다. '시험에 도움이 되는 내용도 아닌데 시간을 들여 굳이 읽을 필요가 있을까?' '이 시간에 수학 몇 문제 푸는 것이 더 낫지 않을까?' '영어 단어를 외우는 것이 더 낫지 않을까?'라는 시간 타령에 빠져 몇 쪽 읽지도 못하고 포기하게 된다. 그래서 처음부터 끝까지 읽은 책이 거의 없다.

2. 연산연립할 때

학년이 올라갈수록 복잡하고 더 논리적인 것은 당연한 것이다. 그럼에도 불구하고 복잡하다는 생각이 들면 귀찮다는 생각이 밀려와 생각을 강하게 압박하여 더 이상 생각을 진행시키지 못하게 한다. 그러면 생각의 흐름이 방해를 받아 집요함과 집중력이 무너져 실수를 하거나 덜렁거려 틀리게 된다. 이들은 식을 세우고 나면 다 끝났다는 생각에 연산연립하는 것을 단순한 계산이라고 생각을 하여 "계산하면서 시간을 보내는 것은 시간이 아깝다."라고 시간 타령을 한다. 연산연립은 복잡하게 만들어진 식들을 논리적인 관계를 맺도록 연립을 하고 연산을 할 때 가장 강력한 집요함과 집중력을 발휘한다는 사실을 간과하는 생각 때문이다. 그리고 이때 생각의 힘인 지구력이 향상된다. 그래서 수학에서 연산연립은 수학의 꽃이라 할 수 있다. 그러니까 시간 타령하지 말고 생각의 중심을 바로 잡고 침착하게 마무리하여라.

알고 싶어서 질문한 문제에 대해서도 시간 타령을 한다. 자신의 기준에서 볼 때, 복잡하고 난이도 높은 문제이기 때문에 당연히 관련된 지식도 복잡하다. 문제와 관련된 지식에 대해서도 설명을 하고 있으면 또 시간이 많이 걸린다는 생각이 듦과 동시에 이해하기 어려우면 이렇게 말한다. "한 문제 풀다가 다른 문제 풀 수 있는 시간까지 없어지니까 차라리 다른 문제를 푸는 것이 낫겠다."라고 포기하는 것과 같은 말을 한다.

사실, 시간 타령은 구실이고 복잡한 내용을 받아들일 생각의 힘이 부족하다는 것을 말하고 있는 것이다. 그러니까 시간은 내 편이니 시간을 구실 삼아 생각의 중심을 무너뜨리지 말고 집요함을 발휘하여 자신의 지식으로 만들어라.

3. 복습할 때

유별나게도 시간 타령을 더 한다. 이들은 복습을 공부한 것을 한 번더 보는 정도로 생각한다. 복습을 하는 목적은 공부한 지식에 대해 이해와 논리를 높이고, 부실한 지식을 확실하게 하고, 부정확한 지식을 정확하게 하여 지식으로서 역할을 할 수 있도록 하기 위한 학습활동이다. 학습활동 중에 무엇보다 중요한 활동으로 가장 많은 시간을 투자

하여 지식을 쌓도록 하여야 한다.

  역설적이게도 시간 타령에 갇혀 있다는 것을 자신이 인식하지 못할 때 자신도 성실하게 공부를 열심히 하고 있는 것과 같은 착각을 하게 되고, 다른 사람으로 하여금 공부를 열심히 하는 사람으로 착각을 불러 일으키게 한다. 사실, 시간이 없어서 시간 타령을 하는 것이 아니라 시간적인 여유가 있을 때는 특별하게 하는 일 없이 빈둥거리며 이것저것 끌어들여 자신과 대화하면서 시간 보내다가 어쩔 수 없이 공부해야 할 시험 기간이 되면 유별나게 부산을 떨며 시간 타령을 한다. 한마디로 시간 관리를 못한 것이 근본 원인이다. 그러니까 시간 관리를 잘하여 시간 타령하는 나쁜 습관으로부터 벗어나라.

학습 시간과 양에 종속되는 습관

학습계획을 세우는 데 두 부류가 있다. 한 부류는 시간 단위로 과목별 몇 쪽, 몇 문제를 공부하겠다고 계획을 세운다. 공부를 어찌 시간 단위로 쪼개어 할 수 있겠는가? 공부를 하다 보면 시간이 남을 수도 있고, 부족할 수도 있다. 그리고 계획한 문제를 풀 수도 있고, 못 풀 수도 있고, 보기로 정한 쪽수를 볼 수도 있고, 못 볼 수도 있다. 그럼에도 불구하고 계획한 학습 시간과 양을 실행하려는 생각에 사로잡혀 정작 해야 할 공부에는 집중하지 못한다. 또 다른 한 부류는 시간에 관계없이 과목별 범위, 문제 수를 공부하겠다고 계획을 세운다. 이 계획이 얼핏 보기에는 계획성이 없어 보이지만 시간과 계획에 종속되지 않고 집중하여 알기 위한 공부를 하겠다는 계획이다.

그렇다면 생각이 학습계획에 종속되면 어떤 공부가 될까?

학습계획에 종속되면 생각의 중심이 계획을 이행해야 한다는 쪽으로 이동한다. 그러는 순간 강박관념은 호출된다. 호출된 강박관념은 생각의 유연성을 경직시켜 논리적인 사고를 하지 못하게 한다. 잡념은 이 순간을 놓치지 않고 파고들어 생각의 흐름을 방해한다. 그러면 생각의 중심이 잡념에 갇혀 논리적인 사고를 못 한다. 이때 보이는 생각과 행동이다. 시시때때로 정해 놓은 시간은 얼마나 남았는지 시계를 수도 없이 확인하고, 쪽수는 얼마나 남았는지 쪽수를 확인하고, 문제는 몇 문제 남았는지 확인하고 또 한다. 어찌 공부다운 공부라 하겠는가? 이렇게 잡념이 뒤섞인 상태에서 얻은 지식이 어찌 논리성을 가져 지식들 간에 연관성을 갖게 하겠는가? 그래서 시간이 조금만 지나도 기억 속에서 쉽게 사라져 버리고 없다. 당연한 것 아니겠는가?

왜 학습계획에 종속되는 상황이 반복되는 것일까?

자신에 대한 분석 없는 계획과 습관이 가장 큰 원인 중 하나다. 학습능력과 학습습관을 분석해서 만든 계획이 아니기 때문에 처음부터 실천하기 어려운 계획이다. 그리고 알기 위한 학습계획이 아니고 짐작으로 예상하여 학습량과 시간을 정하여 만든 계획이기 때문에 생각의 중심이 학습계획에 종속될 수밖에 없다. 생각의 중심이 학습계획에 종속되면 계획을 실행하는 쪽으로 이동하여 흐르기 때문에 집중력 있는 공부를 하기 어려울 뿐만 아니라 계획을 실행하는 것도 어렵다. 그래서 학습 내용을 논리적으로 생각할 수 있는 충분한 시간을 이용하지 못해 부실하고 부정확산 지식을 만든다. 결과적으로 공부량을 줄일 수 없는 것은 물론 시간을 효율적으로 활용할 수 없어 같은 상황이 되풀이된다.

또 다른 한편으로, 수동적이고 의존적인 학습습관 때문이다. 이들은 시간을 자기주도적이고 효율적으로 활용하지 못한다. 예컨대, 가정학습으로 공부량을 정해 주지 않으면 스스로 알아서 공부하지 않는다. 가정학습이 주어졌을 때는 숙제를 위한 숙제로 끝낸다. 또, 시간 여유가 있으면 게임을 하거나, 동영상을 보거나, 잡다한 생각으로 시간을 보낸다.

이렇게 시간관리, 학습관리가 안 되면 자신의 의지를 일으켜 벗어나야 한다. 아니면 다른 사람의 도움으로라도 벗어나야 한다. 그렇지 않으면 학습발전을 기대하는 것은 희망사항이 될 것이다.

벗어나는 가장 좋은 방법은 '알기 위한 공부'를 하여 정확하고 확실한 지식을 쌓아 논리적으로 생각할 수 있는 생각의 힘을 만드는 것이다. 지식을 쌓아 생각의 힘을 만들어 가면 언제든 시간은 내 편이라는 사실을 명심하여야 한다. 다만, 주의할 것은 학습 진행 속도가 느리다고 조급함을 불러들여 시간 타령하지 마라.

PART 8

공부의 최고의 방법은 복습

복습은 논리적인 생각의 흐름을 만든다

1. 내 지식이 될 때까지 복습하기

"아는 것이 힘이다."라는 말이 의미하듯 아는 것이 있어야 논리적인 생각을 할 수 있는 힘이 생긴다. 그것을 만드는 유일한 방법은 복습인 반복된 생각이다. 반복된 생각은 생각의 힘을 강하게 만들고 오래도록 기억하게 한다. 그런데 우리는 어떻게 하는가? 지극히 상식적인 생각인 복습을 곁에 두고 어떻게 하면 공부를 잘할 수 있을까?를 찾아 동분서주한다. 아무리 동으로 서로 찾아다니지만 결론은 지식을 쌓아 실력을 갖추라는 것이다. 그것은 아는 것이 없으면 어떤 것도 의미 없기 때문이다. 당연한 말이다.

생각해 보라. 공부한 것들 중 70퍼센트 정도만 잊지 않고 기억하고 있다만 꿈을 이룰 수 있다는 자신감에 가슴이 벅차오를 것이다. 바로 이것이 복습하는 이유가 아니겠는가?

복습을 효율적으로 하여 효과를 발휘하기 위해 두 가지를 고려해야 한다. 하나는 복습을 할 때, 어떻게, 어떤 방식으로, 어느 시점에, 얼마나 많은 횟수를 해야 하느냐는 것이다. 물론, 모든 이에게 적용되는 기준은 있을 수 없다. 개개인이 가지고 있는 생활습관, 학습습관, 학습능력, 유전적인 영향이 다르기 때문이다. 다만, 어느 누구에게나 적용되는 기준이 있다면 그것은 공부한 지식을 잊기 전에 복습을 시작하여 자신의 지식이 될 때까지 하는 것이다. 또 다른 하나는 지식을 쌓는 것 못지않게 중요한 것으로 축적된 지식을 활용하려는 집요함과 의지다. 이들이 역할을 할 때 비로소 지식으로서 역할을 할 수 있고, 확장성을 가져 강한 논리적 생각의 흐름을 갖는다.

그런데 공부를 벼락치기로 하거나 암기 위주로 하는 것은 알기 위한 공부가 아닌 임시방편으로 상황을 대처하기 위한 공부다. 그렇기 때문에 상황이 종료되면 공부한 내용이 기억에서 사라지고 없어 집요함과 집중력을 받쳐 주지 못해 논리적인 생각의 흐름을 만들지 못한다. 당연한 것 아니겠는가? 그러니까 이해력이 부족하다거나 응용력이 부족하다고 말하기 전에 이들을 발휘할 수 있는 지식을 가지고 있는지부터 자문해 보라.

그렇다면 복습은 어떻게 해야 할까?

학습했었던 것이든, 연습했었던 것이든 어떤 것이든 관계없이 자신의 지식으로 만드는 것이 복습이고, 잊지 않고 활용하기 위해 확인하고 또 확인하는 것이다. 그렇게 하여 쌓인 지식이 많으면 많을수록 그만큼의 논리적인 생각의 힘이 만들어져 집요함과 집중력을 떠받친다. 만약에 복습을 하지 않아 쌓인 지식이 없다면 집요함과 집중력을 떠받쳐

주는 생각의 힘이 없다. 그래서 내용이 조금만 복잡하여 이해하기 어렵다는 나름의 판단이 되는 순간 답답함이 밀려와 짓누르면 생각이 방향을 잃고 더 이상 진행하지 못한다. 어느 누구든 이런 상황을 마주한다. 문제는 그 상황을 어떻게 대처하느냐에 따라 쌓여가는 배경지식의 차이, 쌓은 지식으로부터 나오는 논리적인 사고의 힘의 차이, 집요함과 집중력을 받쳐주는 생각의 지구력의 차이, 그 상황을 어떻게 대처하였느냐에 따른 학습습관의 차이가 생긴다. 이들 모두는 짧은 시간에 극복할 수 없는 것들이다. 그 결과는 공부를 잘하는 이, 중간에 있는 이, 못하는 이로 구분되어진다.

우리가 확인하는 복습을 하고 또, 하는 이유는 상대방의 지식을 내 것으로 만들어 생각의 힘을 키우는 것이고, 부족한 지식이 있으면 채우는 것이고, 부실하고 부족한 지식 때문에 생각의 흐름이 막히면 정확하고 확실한 지식을 만들어 생각의 흐름이 논리적으로 흐르도록 하는 데 있다. 또, 복습하지 않아 기억 속에서 사라졌거나, 기억 속에 있었다고 하더라도 오랫동안 사용하지 않아 시간이 지나면서 어렴풋하게 된 지식을 확실하고 기억이 생생하도록 하기 위해서다. 그러니까 스스로에게 말을 할 때,

'어렵다. 모른다.'고 말하지 말고, '확인하는 복습을 하고 또, 하지 않았다.'고 말하고

'응용력이 없다.'고 말하지 말고, '적극적으로 배경지식을 활용하려 하지 않았다.'고 말하고

'기억에 없다.'고 말하지 말고, '기억에서 사라지기 전에 복습을 하지

않았고, 잡념이 뒤섞인 상태에서 공부했다.'고 말하라.

그러니 '어렵다. 모른다. 귀찮아서 싫다,'라는 막연한 표현으로 자신의 무능함을 인정하는 프레임을 씌우는 어리석음을 범하지 말고, 당당하게 복습하여 자신의 지식으로 만들어라.

그렇다면 잠시 하던 공부를 멈추고 복습은 하는지, 하고 있다면 복습을 어떻게 하고 있는지, 냉정하고 진지하게 자신의 복습 행위를 되돌아보라. 복습을 하여 쌓아 놓은 지식도 자주 이용하지 않으면 찾을 수 없거나 희미한 기억 상태가 된다. 마치 색을 어떻게 관리하느냐에 따라 다르게 나타나는 것과 같다. 항상 사용한 책장에 꽂아 둔 책도 자주 사용하면 쉽게 찾을 수 있고, 자주 사용하지 않고 방치하면 자연스레 기억에서 사라져 어느 위치에 있는지조차도 모른다. 색도 관리를 소홀하고 방치한 색은 세월에 영향을 받아 바래서 본래의 색을 알아볼 수 없거나, 본래의 색이 어떤 색인지 알아볼 수 없을 정도로 바랜다. 반대로 잘 관리하여 본래의 색을 유지하는 것은 물론 정성이 더해져 더 아름다운 색을 간직할 수도 있다. 기억의 방에 쌓아 놓은 지식도 마찬가지다. 적극적으로 이용하지 않고 방치하면 기억 속에서 사라지거나 희미해져 지식으로서 역할을 못 한다. 반대로 관련된 지식에 적극적으로 동원되어 논리적인 관계를 맺는 데 자주 활용을 하면서 복습을 자주 하면 기억이 생생할 뿐만 아니라 확장성을 가져 응용력을 발휘한다.

우리의 복습 행태를 살펴보자. 강의를 들은 직후는 기억이 생생하다는 이유로 복습을 하지 않거나, 메모한 내용을 훑어보는 정도에 그친다. 일정 시간이 지나서 기억에 없거나 흐려져 생각의 흐름이 방해를 받거나 막히면 생각을 할 수 없어 답답하고 귀찮다고 하지 않는다.

기억이 생생할 때 복습을 하여라. 그러면 선생님의 노하우가 들어 있는 경험적 지식과 생각의 흐름을 흐르게 해 주는 개념적 지식을 자신의 지식으로 만들 수 있다. 그런데 대부분 우리들은 복습을 하지 않아 선생님의 지식을 자신의 지식으로 만들 수 있는 절호의 기회를 놓치는 어리석음을 범한다. 그러면서도 어이없는 것은 문제와 관련된 배경지식이 없어서 아무런 생각을 할 수 없다고 짜증을 부린다. 생각을 할 수 있도록 해 주는 배경지식이 없어서 생각을 할 수 없는 것은 당연한 것인데 말이다. 복습을 한다고 하여도 시간이 흐르면 잊어버리거나 부실해서 지식으로서 역할을 할 수 없는 아니겠는가? 이것을 극복하느냐에 달려 있다.

복습다운 복습을 하여라. 한마디로 말해, 잊지 않도록 확인하는 복습을 하여 지식으로서 역할을 할 때까지 해야 한다는 뜻이다. 이렇게 하면 얼마나 오랫동안 기억을 하느냐의 기억능력의 차이, 이해력 응용력의 차이 따위는 의미 없다. 왜냐하면 복습다운 복습을 하였느냐에 달려 있기 때문이다.

복습에서 나오는 즐거움을 느껴 보아라. 아는 것이 많아져 자신감이 느껴졌을 때를, 전에 몰랐던 문제를 풀어서 성취감을 얻었을 때를 느껴보라. 특히, 수학에서 접근조차 어려웠던 문제를 풀었을 때를, 어떻게 접근해야 할지를 몰라 쩔쩔맸던 문제를 이해하고 해석하여 관련된 지식을 끌어와 해결했을 때를, 경쟁 상대보다 정확하고 빠르게 풀었을 때를, 경쟁 상대가 풀지 못했던 문제를 풀었을 때를 말이다. 이것이 바로 복습을 하는 이유이기도 하고, 해야만 하는 이유일 것이다.

어느 때 복습을 하는 것이 가장 효율적일까?

공부한 내용이 기억 속에 가장 생생할 때다. 상대방의 지식을 자신의 것으로 만들 수 있는 가장 중요한 타이밍이다. 설명 내용은 물론 설명 속에서 강조하는 것들까지 효과적으로 자신의 것으로 할 수 있기 때문이다.

그런데 우리는 기억할 수 있다고 하지 않는 어리석음을 범한다. 기억 속에 있는 내용은 선생님의 설명 내용이지 직접 자신이 공부한 것들이 아니라는 것을 인식하지 못한다. 그럼에도 불구하고 스스로 공부하여 알고 있는 것처럼 착각을 한다. 착각에서 깨어나 복습을 하여라. 복습 횟수가 늘어남에 따라 느낌이 다르게 다가온다. 이 느낌이 바로 선생님의 설명과 더불어 자신의 생각이 더해져 자신의 지식이 되어 간다는 의미다.

기억이 생생할 때 한 복습이라 할지라도 망각의 동물인 인간은 시간이 지나면 기억 속에 학습한 정보가 사라지고 없거나 희미해져 정확하게 기억하지 못한다. 그래서 확인하는 복습을 하여야 하고, 더 나아가 그 정보가 관련된 내용에 적용되고 활용되는지 확인을 하여야 한다. 문제는 기억이 생생할 때 상대방 지식을 내 것으로 만드는 것보다 확인하는 복습을 할 때가 보다 큰 적극적 의지가 필요하다. 하나는 복습한 내용을 알고 있는지 확인하는 것은 자신의 능력을 확인하는 결과가 되고, 다른 하나는 하루가 지날 때마다 늘어나는 학습량만큼 복습량도 늘어나기 때문이다. 그래서 늘어나는 복습량을 효율적으로 대처하지 않으면 쌓여 가는 복습량을 생각만 하여도 가슴이 답답해져 시도조차 못할 것이다.

늘어나는 복습량을 어떻게 효과적으로 대처할까?

복습을 해야 할 것과 하지 않아도 되는 것을 표시하여 구분한다. 표시한 것을 다시 복습하면서도 또 복습할 것과 하지 않아도 될 것을 구분지어 표시하면 복습량으로 답답해지는 심적 부담에서 벗어날 수 있다.

확인하는 복습도 복습다운 복습이 되어야 벗어날 수 있다. 훑어보는 정도로 하면 결코 벗어날 수 없다. 이런 식의 복습은 생각의 주체가 자신이 될 수 없고, 상대방의 생각을 문자로 보는 것에 불과하다. 생각의 주체가 되어서 하는 복습이 되었을 때, 비로소 이해의 깊이, 생각의 깊이, 느낌의 깊이가 다르게 다가온다. 이때의 느낌이 생각의 주체로서 영역의 넓이가 넓어져 간다는 것이다.

이런 복습이 되기 위해서는 일정과 시간을 정해 놓고 하는 것이 아니고 시도 때도 없이 '알 수 있는가?'에서 '알고 있는 것처럼 접근할' 정도로 하는 것이다.

그럼으로써 궁금했던 것을 알게 되고, 성취감을 얻음으로써 자존감도 높아져 자연스럽게 공부를 열심히 하게 된다.

2. 틈나는 대로 생각하기

시간이 지나도 잊지 않고 생생하게 기억하고 있는 것들은 어떤 것들일까? 생각해 보라. 인상 깊었던 상황이나 사건들일 것이다. 이런 것들은 한 번 보고 느낌으로 그치는 것들이 아니다. 틈나는 대로 수차례 반복하여 생각해 보았거나 유사한 것들을 접했을 때 오버랩이 되면서 과거의 기억을 소환하여 또 생각한 것들일 것이다. 공부로 말하면 일명복습을 한 것들이다. 그런 의미에서 틈나는 대로 생각하는 것은 기억을 오랫동안 유지시켜 주는 매우 중요한 복습 방법이다.

예컨대, 친구와 말다툼 있었던 경험을 생각해 보자. 그러면 쉽게 이해할 수 있다. 말다툼을 할 때, 각자 자신의 주장이 옳다고 말에 힘을 주어 말하고 그것도 모자라 얼굴을 붉혀 가면서까지 자신의 주장을 한다. 자신의 주장에 대한 생각의 흐름을 강하게 하여 말한다. 공부로 말하면 강한 집중으로 공부를 하는 것과 같다.

언쟁이 끝나고 돌아서지만 끝난 것이 끝난 것이 아니다. 실제로 마음속까지 끝나는 것일까? 천만에 말씀이다. 뒤돌아서자마자 그 상황을 재현하며 생각을 거듭한다. 이것도 모자라 언쟁을 하게 된 원인과 이유를 자신의 입장에서 분석을 한다. 생각으로 그치는 것이 아니고 분석한 내용까지 주위 아는 사람에게 미주알고주알 이야기를 하고 또 한다. 공부로 말하면 내용을 이해하지 못한 이유와 해결하지 못한 원인을 분석하여 설명해 보는 것과 같다. 이런 방식으로 틈나는 대로 생각하고 그 생각을 설명하는 방식으로 복습을 하여라. 그러면 시간이 흘러도 생생하게 기억하도록 해 줄 뿐만 아니라 여가 시간을 활용하는 학습습관까지 만든다.

다시 말해, 정해 놓은 시간 내에 계획한 학습량을 처리하다 보면 시간의 압박으로 생각이 경직되어 내용을 쉽고 빠르게 이해를 못 해 문제를 해결하지 못했던 것을 종종 경험했을 것이다. 틈나는 대로 생각하는 방식을 활용하여 그 순간에 이해를 못 하였던 내용도 정해진 시간의 틀을 벗어나 유연한 사고로 생각하면 생각하지 못했던 접근방식이 떠오를 수도 있고, 창의적인 생각이 발현될 수도 있다. 이 방식은 여가 시간을 활용하여 생각의 흐름을 길게 가져가는 학습습관을 만드는 중요한 역할까지 할 것이라는 것이다.

3. 이미지 맵핑(image mapping) 또는 시뮬레이션하기

공부하는 사람의 누구나 바람은 고생하여 암기한 것을 잊지 않고 효율적으로 활용하는 것이고, 피하고 싶은 것은 암기한 것을 잊지 않는 것이다. 안타깝게도 우리는 암기한 지식을 잊는 것에 불가피하게 마주하지 않을 수 없다는 것이다. 잊지 않아야 할 지식은 시험 합격을 위해 필요한 지식이기 때문에 오늘 하루도 고군분투하고 있다. 그래서 잊지 않기 위한 효율적인 방법을 찾기 위해 갖가지 방법을 모색한다. 그 방법 중 하나가 이미지 맵핑이나 시뮬레이션을 이용하는 방법이다. 특히, 이 방법은 입체도형이나 복잡한 그래프 문제일 때 효과적이다.

어느 날 중학교 2학년인 아들이 내가 보기에 침대에 누워 뒹굴면서 빈둥거리고 있는 것 같아 공부는 안 하고 뭐 하고 있냐고 물었는데 돌아온 답이 예상 밖의 것이었다.

"농구 슛하는 생각을 하고 있다."라고 말하는 것이다.

하지만 여기서 끝내지 않고 또 짜증스럽고 퉁명스런 말투로 공원에 있는 농구코트에 가서 직접 하면 되지 도움도 안 되는 생각만 하고 있냐고 말했더니 돌아온 답변이 나를 고개를 들 수 없을 정도로 어리석기 짝이 없는 말이 될 줄은 꿈에도 생각을 못 하였다.

"평소에 하던 슛 동작에 문제가 있는 것을 상상을 하면서 고치고 동시에 어떤 슛 동작으로 슛을 하면 적중률이 높아지는가를 상상으로 한 다음 코트에 가서 실행을 해 보면 시행착오를 하면서 고치는 것보다 훨씬 빠르게 개선할 수 있다."고 하는 것이다.

어리석은 말을 한 뒤에 생각의 흐름이 행동에 영향을 준다는 것을 새삼 크게 깨닫고 공부를 하는 데 이용하여 보도록 틈나는 대로 말을 하였다.

문제는 학습자들 대부분은 학습량과 학습 시간에 대한 학습계획을 세우고 그 계획을 실행해야 한다는 의무감에 구속되어 공부를 한다. 계획을 실행해야 한다는 의무감에 종속되어 논리적이고 깊이 있는 사고를 하지 못한다. 생각을 하는 시간을 시간 낭비라고 생각하고 이 시간에 차라리 몇 쪽 몇 문제를 더 보고 더 푸는 것이 낫다고 생각하는 습관에 길들어져 있다.

그런 학습습관의 결과 내용이나 문제가 복잡하고 이해하기 어려워 생각을 많이 해야 할 것 같다고 판단이 되면 접근하는 자체를 싫어한다. 그렇다고 마음속까지 싫어하는 것은 아니어서 늘 이런 상황이 발생하면 이렇게 한탄을 한다.

"나는 왜 공부를 열심히 하는데도 이런 문제를 잘 풀지 못할까."

생각하여 보라. 걱정할 것 없다. 입체도형이나 복잡한 그래프 문제는 이미지 맵핑을 틈나는 대로 하고 그것도 부족하면 틈을 내서 연습을 하여 생각의 흐름을 지속시켜 기억의 시간을 늘리고, 도형을 입체 상태에서 이미지 맵핑을 하여 세밀하고 정확하게 접근하여 실력을 향상시키면 된다.

보다 효율적이고 빠른 속도로 실력을 향상시키고자 하면 설명을 들은 직후 설명 내용 속에 들어 있는 선생님의 경험적 지식이 기억에 생생할 때 이미지 맵핑을 하여 충분이 이해되고 암기될 때까지 접근을 하여라. 그리고 걱정되면 이와 같은 복습행위를 하지 않을 것을 더 염려하여라.

복습 과정에서 나오는 느낌

1. 기억이 생생할 때

강의를 들은 직후 기억이 생생할 때 하는 복습은 선생님의 강의 속에 들어 있는 지식을 자신의 지식으로 만들어 자신의 실력을 업그레이드 하기 위한 학습활동이다. 선생님의 강의는 수년 동안 공부도 하고, 가르치면서 개념적 지식의 적용과 활용에 경험적 지식의 이용에 대한 노하우가 들어 있는 집약된 지식이다. 따라서 강의를 들은 직후 기억이 생생할 때, 복습을 함으로써 강의를 들을 때 놓쳤던 소중한 지식을 다시 메모를 하면서 보완할 수 있고, 생각의 흐름이 막히는 부분을 찾아 생각의 흐름을 잘 흐르도록 통로 역할을 하는 선생님의 설명 내용을 기억 속에서 불러내어 흐르게 하여 보다 더 잘 흐르게 할 수 있다. 그러니 이때 하는 복습이야말로 내 지식 위에 선생님의 지식을 더함으로써 청출어람(靑出於藍)할 수밖에 없지 않겠는가?

특히, 수학은 다른 과목 달리 가장 많은 복습을 필요로 한다. 복습 하면 단연 수학이다. 기억이 생생할 때 복습을 하지 않으면 선생님의 개념적 지식의 적용하는 방법과 노하우가 들어 있는 경험적 지식의 활용 방법을 자신의 지식으로 만들 수 없다. 그렇다고 풀이 과정의 메모는 복습에 크게 도움이 되지 않는다. 생각해 보라. 우리가 풀이 과정을 열심히 메모하지만 메모한 것을 보면서 복습하지는 않지 않는가? 그러니까 풀이 과정을 메모하려고만 하지 말고, 문제와 관련된 지식이 무엇인지, 그 지식을 어떻게 적용하는지, 적용할 때 경험적으로 적용하는 방법을 메모하여라. 만약에 강의에서 놓친 것이 있으면 복습하면서 메모를 보완하여 다음 복습에 도움이 되도록 하여라.

그리고 수학은 설명을 듣고 돌아서서 다시 풀려고 했을 때, 풀리는 문제가 많기는 하지만 풀리지 않는 문제도 생각보다 많다. 특히, 난이도가 높고 관련된 지식이 필요한 문제는 설명을 들을 때부터 생각이 답답한 상태에서 듣는다. 그래서 설명할 때는 이해할 것 같지만 돌아서서 다시 풀어 보려고 하면 풀리지 않는 경험을 비일비재하게 한다. 비록 풀린다고 하더라도 확실하게 자신의 지식이 되지 않으면 조금만 시간이 지나도 관련된 지식을 적용하지 못하는 상태가 되어 풀지 못한다. 그러니까 기억이 생생할 때 복습을 하는 것은 물론 복습타이밍을 놓치지 말고 단계별로 복습을 하여 자신의 지식으로 만들어라.

문제는 복습을 잘하지 않는다는 사실이다. 이런 사실을 알고 강의를 하면서 틈나는 대로 복습을 해야 하는 이유를 수도 없이 말하지만 이런저런 이유를 들면서 하지 않는다. 그 이유나 착각을 묶어서 정리해 보면 다음과 같다.

① 설명을 들은 직후에 직접 다시 풀어 보지 않고 노트에 기록하여 놓은 풀이 과정을 간단히 훑어보는 정도로만 하여도 언제든지 풀 수 있다는 착각을 한다.

② 설명을 들은 바로 다음에는 설명 내용이 기억 속에 생생하게 기억되어 있기 때문에 당장 풀이를 하는 것은 별 의미가 없다는 착각을 한다.

③ '조금 있다가 해야지.' '오늘은 피곤하니까 내일 해야지.'라는 미루거나 피하는 평소 습관의 관성을 극복하지 못하기 때문이다.

④ 설명 내용을 구체적으로 메모를 안 했을 때 풀이를 하는 중에 생각이 나지 않으면 답답해서 하지 않고, 반면에 구체적으로 메모되어 있으면 언제든지 하면 된다는 착각을 한다.

⑤ 문제와 관련된 지식을 끌어와 적용하는 과정이 복잡하고 어려운 문제일수록 미루거나 피한다. 상식적인 생각으로는 설명 내용을 생생하게 기억하고 있을 때 적극적으로 복습을 더 해야 할 것 같지만 생각과는 다르게 접근 자체를 피한다. 이들의 속마음을 들여다보면 소극적이고 방어적이다. 이해할 수 있다는 한 가닥의 생각까지 사라질까 봐 두려워서 적극적으로 덤비지 않고, 못 풀었을 때 자신에 대한 실망감을 마주하는 것이 두려워 방어적인 자세를 취하기 때문이다.

생각해 보라. 우리가 선생님의 강의를 듣고 기억이 생생할 때 복습을 하는 이유는 선생님의 지식을 자신의 지식으로 만들어 모르는 것을 알기 위해서다. 그러니까 과감하게 복습을 하여라. 공부 방법 중에 최고의 유일한 방법은 복습이다. 복습 중에서도 강의 직후에 하는 복습은 공부를 쉽고 재미있게 하게 한다.

2. 느낌의 차이가 느껴질 때

'아! 이해할 수 있어~'

'아! 이런 뜻이었구나~'

'알 수 있을 것 같다.'

'알겠다.'

'이런 배경지식이 있어야 접근할 수 있겠구나.'

'계산할 때는 이런 접근방식을 활용해야 쉽고 빠르고 정확하게 할 수 있구나~'

바로 이런 느낌은 내용 속에서, 문제에서 생각의 주체가 되겠다는 적극적인 생각으로 확인하는 복습을 하면서 느끼는 느낌이요, 복습의 짜릿한 맛이다. 복습을 통해 상대방의 지식이 자신의 지식으로 되었다는 생각과 내용 속에서, 문제에서 생각의 주체로서 역할을 할 수 있음을 보이는 느낌이기도 하다. 또, 공부를 자기주도적으로 할 수 있음을 나타내는 표현이기도 하고, 생각의 주체로서 역할을 할 수 있는 영역이 존재하고 있음을 나타내는 표현이기도 하다. 공부에 흥미가 생기고 있다는 표현이 아니겠는가?

한편 뒤돌아서서 지난날을 생각하여 보면 학습과목이 어려워서 공부를 못한 것이 아니라 복습을 하지 않아 개념적 지식이 없어서 생각을 할 수 없었던 것이고, 학습향상의 속도가 더디게 진행이 되었던 것은 설명 속에 들어 있는 경험적 지식을 듣는 것으로 그치고 복습을 하지 않아 자신의 지식으로 만들지 못해 학습에 활용할 수 없었던 것을 깨닫게 된다.

복습의 짜릿한 맛은 복습을 할 수밖에 없도록 만든다. 자연스럽게 복습의 횟수도 늘어나고, 늘어난 만큼 확실하고 정확한 지식들이 많이 쌓이게 된다. 이렇게 쌓인 지식들은 논리적인 관계를 강하게 가지고 있어 관련된 지식들을 끌어들이는 힘도 강해 응용력을 크게 발휘한다. 따라서 복습을 하면서 느끼는 느낌도 깊어짐에 따라 공부를 열심히 하는 선순환 역할을 한다.

복습하면서 꼭 기억해야 할 것은 노력하여 복습한 지식은 결코 잊지 않도록 하는 것이 무엇보다 중요하다. 공부한 지식을 복습을 통해 잊지 않고 활용할 때, 생각으로만 꿈꾸어 오던 목표지점이 보이고, 열정이 생기고, 열정은 실행을 할 수 있게 한다. 꿈을 이룰 수 있다는 자신감을 갖게 되고, 그 자신감 있는 자신의 모습을 지속적이고, 생생하게 그리면서 열공하게 된다. 그러면 미래의 성공한 자신의 모습에 성큼성큼 다가서고 있다는 느낌도 배가 된다.

3. 완성단계에서 느낌

복습으로 쌓인 지식이 관련된 내용이나 문제를 접했을 때 생각 영역의 전체를 차지하여 마치 처음부터 알고 있었다는 듯이 자기주도적인 생각으로 접근하고 단계다. 한마디로 관련된 지식을 직관적으로 떠올려 적용하면서 응용력을 발휘한다는 뜻이다.

그렇다면 어떻게 완성단계에 이르지 않았다는 것을 알 수 있을까? 복습한 지식과 관련된 내용이나 문제를 접했을 때 왠지 접근하기 싫다는 생각이 든다든지, 접근하는 과정에서 가슴이 답답해진다든지, 생각의 흐름이 방해를 받는다든지, 관련된 지식을 동원하여 응용력을 발휘하지 못했을 때다.

우리는 이때 꼭 조심해야 할 것은 기억을 못 하는 것을 탓하거나, 응용력을 발휘하지 못한 것을 탓하여 짜증을 부리면 안 된다는 것이다. 냉철하게 생각해 보라. 완성단계에 이르도록 복습을 하지 않은 것이 사실 아닌가? 하지만 이런 생각을 갖는다는 것은 완성단계가 거의 눈앞에 있다는 의미이기도 하다. 그러니까 조금만 더 복습을 하여 암기상태에 이르도록 하여라.

복습을 자기주도적으로 한다는 것은
쉽지 않다

1. 복습을 해야 하는 이유

그 이유를 어느 누구에게 물어봐도 하나 같이 '망각의 동물'인 인간은 생각을 반복을 해야 잊지 않는다고 말할 것이다. 이렇듯 누구든 잘 알고 있다. 공부할 때나, 설명을 듣는 그 순간은 잊지 않고 계속 기억하고 있을 거라고 생각을 하고 하물며 메모도 잘하지 않는다. 하지만 그것은 착각이고 돌아서면 잊어버리기 일쑤다. 그러니까 복습을 해야 하는 것이다. 복습을 하여 잊지 않도록 해야 한다. 기억하고 있어야 집요함과 집중력을 발휘하여 관련된 내용에 논리적인 생각으로 적용하고 활용하여 응용력을 만들어 낼 수 있다. 바로 이것이 복습을 해야 하는 이유가 아니겠는가?

문제는 알면서도 실행을 하지 못한다는 것과 복습을 해야 한다고 말은 쉽게 하지만 실행한다는 것은 정말 어렵다는 것이다. 그러니 잊지 않을 정도로 복습을 한다는 것은 얼마나 어려운 일이겠는가? "잊지 않는 것만큼 어려운 것도 없다."라고 말한 학생의 말이 생각난다. 한마디로 말해서, 공부를 잘하고 못하고, 시험에 통과하고 못 하고는 복습에 달려 있다는 뜻이다.

공부를 잘한다고 하는 이들의 생각을 들여다보면 그럴 만한 이유가 있다. 복습의 의미와 효과를 알고 있다. 꿈을 이루려는 적극적 의지가 있다. 알고자 하는 열정이 있고 지속적이다. 얻은 지식은 적극적으로 끝까지 활용을 한다. 반면에 공부를 힘들어하는 이들에게도 그럴 만한 이유가 있다. 복습에 대한 학습습관이 형성되어 있지 않다. 꿈을 이루려는 적극적 의지와 열정이 약하다. 내용이 조금만 어렵거나 귀찮으면 습관적으로 미루거나 피한다. 그러면서도 "복습을 하면 될 것 아니냐?"라고 쉽게 말을 한다. 하지만 복습이라는 것이 생각처럼 맘만 먹으면 언제든지 할 수 있는 것이 아니다. 입버릇처럼 복습은 반드시 해야 한다고 외치지만 막상 복습을 하려고 하면 의지도 성실도 온데간데없고 말뿐인 생각에 그친다.

2. 복습하는 것이 왜 이렇게 힘들까?

아무리 강조해도 부족한 복습을 하지 않은 이유를 들어보면 "시간이 없다. 막상 하려고 하면 생각이 받아들이지 않아 미루게 된다. 시험 기간 외에는 선뜻 복습을 해야 한다는 생각이 들지 않는다." 개인적 경험에 비춰볼 때나, 학생들의 하루 일과를 들여다보면 복습하기 힘들겠다는 것도 이해가 된다. 물론, 학년에 따라 다르기는 하지만 학습활동 시기 중 가장 바쁘고 힘든 고등학교 시절의 하루를 살펴보기로 하자. 아침 일찍 등교를 하여 빡빡한 학교 수업이 끝났다고 하여 하루 일과가 끝나는 것이 아니다. 과외학습이 기다리고 있다. 이들을 마치고 나면 몸도 마음도 지친 늦은 시간 이다. 이 시간에 집으로 오면서 머릿속을 가득 메우고 있는 생각은 무엇일까? 생각할 여지없이 쉬고 싶은 생각뿐일 것이다. 그렇다고 온전히 쉴 수도 없다. 불가피하게 해야 할 가정학습이 있다. 그러고 가정학습을 하고 나면 밤늦은 시간이다. 그러니 꿈을 향한 열정이 강하지 않으면 복습을 한다는 것은 쉽지 않은 것이 사실이다.

그러면 어떻게 해야 극복할 수 있을까? 무엇보다 먼저 이루고 싶은 꿈을 정하여 동기부여를 하여야 한다. 그러고 그 꿈을 이루기 위한 실천적 행위를 실천 가능한 것부터 한다. 그다음으로 복습해야 할 것과 하지 않아도 될 것을 구분한다. 복습해야 할 것 중에서도 중요도를 표시하여 복습 횟수 정도를 구분한다. 구분하는 것보다 중요한 것은 구실 삼아 미루거나 피하지 않고 복습을 해야 한다는 것이다. 만약에 미루거나 피해서 복습량이 눈덩이처럼 불어나면 복습을 할 수가 없게 된다.

복습을 하지 않아 후회하는 상황을 마주하면서도 복습을 실천하지 못하는 이들의 생각을 들여다보자. 하나는 복습에 대한 생각이다. 알기 위한 복습을 하여 자신의 지식으로 만들기 위해 강력한 집중력으로 접근하기보다는 한 번 더 보는 정도로 생각하거나, 당장 하지 않아도 된다는 짧고 어리석은 생각에 다음 날로 미루거나 피하기 일쑤다. 그러다 보니 계획을 세울 때도 계획에 없거나, 계획에 넣는다고 하더라도 생각이 지친 맨 끝에 끼워 넣는 정도다. 또, 다른 하나는 수동적이고 소극적인 학습습관이다. 수동적이고 소극적인 학습습관 때문에 적극적이고 능동적으로 하지 못한다. 그렇다고 복습을 해야 한다는 당위성을 모르고 있는 것이 아니다. 누구보다 잘 알고 있다. 실천하지 못할 뿐이다. 그래서일까 부모님, 선생님, 선배들이 들려주는 말 "계획을 실행할 때, 오늘 할 일을 미루거나 피하는 평소 습관을 버려라. 주변에서 갈등을 발생시키는 것에 신경 쓰지 말고 공부를 열심히 하여라. 그럴 때만이 꿈꾸어 오던 꿈을 이룰 수 있다. 성공한 이들은 이런 힘든 과정을 극복하고 계획을 성실하게 실천한 사람들이다." 말에 전적으로 공감을 표시하고 그에 따르려고 한다. 하지만 생각을 실행으로 옮기는 습관이 되어 있지 않아 실천하지 못한다.

공부에 결정적인 영향을 주는 성실을 바탕으로 복습하는 학습습관이다. 그러니까 복습을 실행하지 못한 것을 후회하기 전에 자신의 학습습관을 스스로에게 물어보라.

알기 위한 공부를 하지 않는 습관.

구실을 삼아 미루거나 피하는 습관.

잡념을 끌어들여 이런저런 생각을 빈둥거리면서 시간을 낭비하는 습관.

대충대충 하여 지식을 부실하고 부정확하게 만드는 습관.

이들 중 어느 하나라도 있으면 반드시 개선부터 하여라. 만약에 그렇지 않은 상태에서 공부를 한다면 학습의 향상을 기대하는 것은 희망사항 일 것이다. 그래서 말인데 나쁜 학습습관을 개선하고, 공부한 것을 잊지 않고 활용을 잘한다면 반드시 꿈을 이룰 수 있다. 공부는 출발점이 중요한 것이 아니고, 중요한 것은 도착할 때와 도착지점인 것이다.

PART 9

꿈을 이루기 위해
꼭 실천해야 할 것

복습 실천하기

'어떻게 하면 공부를 잘할 수 있을까?' 공부하는 사람이라면 어느 누구나의 고민이다. '열심히 하지.'라고 자신을 채찍질하고, '열심히 해라.'라고 주위에서 독려하기도 한다. 하지만 여기에는 가장 중요한 '어떻게'라는 방법에 대한 말이 없다.

'공부는 왜 어렵고 짜증날까?'에 대한 반갑지 않은 생각을 잠시 멈추고 역발상을 해 보라. '나름 열심히 한다고 했는데 조금만 시간이 지나도 기억 속에 없지? 내용과 관련된 지식을 끌어와 적용하려고 하는데 왜 생각이 떠오르지 않지? 이렇게 답답하게 생각하는 순간 이런저런 잡다한 생각이 그 자리를 차지하여 짜증나게 하지?'라고 말이다.

그렇다. 그 이유는 '어떻게'라는 물음이 없기 때문이다. 그렇다고 복습을 단순히 잊지 않기 위한 수단 정도로 생각지 마라. 자신의 지식이 될 때까지 하는 것이다. 복습하는 횟수가 많아지면 많아질수록 내용과 관련된 지식을 끌어오는 속도가 빨라지는 것은 물론 끌어온 지식을 작용하고 활용하는 힘도 강해진다. 그뿐만이 아니다. 내용에서 차지하는 생각의 역역이 넓어지면서 이해의 깊이가 깊어지고, 공부에서 가장 중요하다고 할 수 있는 논리적으로 생각하는 지구력도 강해지고 향상된다.

학교에서, 과외 학습활동, 미디어 매체에서 얼마든지 강의를 듣고 있고 들을 수 있는 환경은 차고 넘칠 정도로 풍부하다. 그럼에도 불구하고 우리는 복습을 잘하지를 않아 기억 속에 남아 있는 지식은 많지 않다. 남아 있는 지식이라 하더라도 지식으로 역할을 하기에 턱없이 부족하다. 기억에 남아 있는 것이라곤 설명을 '잘한다. 못한다.' 평가하는 생각이다.

한 학생이 어떤 선생님이 최고난도 수학 문제에 대해 설명을 재미있고 쉽게 하여 이해를 잘할 수 있었다고 그 강사에 대해 입술에 침이 마르도록 자랑을 하여서, '그럼 그 문제를 너는 풀 수 있느냐?'고 물었더니 풀 수 없다는 한심하기 짝이 없는 답을 하는 것이었다. 설명을 들은 문제를 자신이 풀 수 없다면 그 문제는 강사가 푸는 것에 불과할 뿐이다. 자신의 위치는 어디인지 생각해 보라.

누구나 복습의 중요성은 알고 있다. 그러면서도 복습을 잘하지 않는다는 것이 사실이다. 그들의 마음을 들여다보자.

첫째, 꿈을 이루고자 하는 열정이 약하다.

이들을 상담할 때, '꿈이 뭐냐?'고 물으면 "꿈이 없다."고 답을 하거나 주변에서 권하는 직업군 중에 하나를 막연하게 생각해 본 적이 있는 것을 말하듯 한다. 공부를 하는 이유를 물어보면 "공부를 하는 것은 주변에서 공부를 안 하면 안 된다고 하니까 한다."고 하는 식으로 말을 한다.

이들은 공부를 향한 생각과 생각의 흐름이 약하다. 지식을 쌓고자 하는 생각도 약해서 지식이 부족한 것은 물론 쌓은 지식도 부실하고 부정확하다. 따라서 복습을 한다고 하더라도 한 번 훑어보는 정도로 대충한다. 그럼에도 불구하고, 나름 복습을 열심히 하였다고 착각을 한 나머지 생각나지 않거나 적용되지 않으면 쉽게 짜증 부리는 것을 습관처럼 한다.

복습으로 지식을 쌓아 악순환의 고리를 끊어라. 현재 자신의 상태를 고민하는 것은 의미가 없다. 적극적으로 복습을 하여 지식을 쌓는 것이 무엇보다 먼저다. 지식이 쌓이고 자신감이 생기면 자연스럽게 꿈이 생기고 지식에 대한 열정도 강해져 능력 이상의 결과를 가져올 것이다.

둘째, 핑계를 찾아 미적거리거나 미루는 습관을 가지고 있다.

이들은 '공부를 열심히 해야 한다.'는 생각은 이들도 어느 누구 못지 않게 한다. 하지만 행동으로 옮기지는 않는다. 이 핑계 저 핑계를 끌어와 미적거리거나 미루면서 시간 낭비를 하는 것을 습관처럼 하기 때문이다.

이들은 한참을 잡다한 생각으로 시간을 보낸다. 그래서 생각이 지치고 학습의욕도 떨어져 공부를 하지 않고 보내는 날이 허다하다. 공부를 한다고 하더라도 생각이 지치고 의욕이 떨어진 상태라서 금방 졸음이 밀려와 공부를 집중력 있게 하지 못한다.

셋째, 근면, 성실, 강한 의지를 기반으로 복습을 열심히 하기보다는 공부 방법을 탓한다.

생각해 보라. 방법이라면 복습 말고 무슨 방법이 있겠는가? 이 사람 저 사람이 들려준 공부 방식을 적용한다고 해서 며칠이나 가겠는가? 단, 몇 시간도 못 갈 것이다. 그도 그럴 것이 천성적으로 타고난 성향이 있을 것이고, 그동안 주변 환경과 영향을 주고받으면서 의식적으로든 무의식으로든 자신에게 형성된 의식의 흐름이 있을 것이고, 학습에 관련된 배경지식의 양과 질도 다를 것이고, 집요함, 집중력, 실천 의지도 다를 것이고 등등과 같이 헤아릴 수 없이 많은 것들의 개개인의 차이도 있기 때문이다.

다시 말해, 정신으로 하는 공부는 천성적으로 가지고 있는 성향과 결합하여 종합적으로 발현되는 것으로 상대방의 사고방식을 따를 수 없다는 점이다. 그러니까 공부 방법을 탓하지 말고, 자신의 능력을 분석한 다음 그 결과 따라 자신에 맞게 잊지 않도록 복습을 하여라.

그렇다면 공부하는 데 필수요소는 뭘까?

근면함과 성실함을 바탕으로 쌓은 배경지식 그리고 그 지식을 활용하려는 적극적 의지다. 여기에 선생님의 설명 속에 들어 있는 개념적 지식은 물론 경험적 지식을 자신의 것으로 만들려는 적극적인 수용의지와 기억의 한계를 극복하게 해 주는 구체적이고 꼼꼼한 메모다.

그렇다면 도대체 공부의 승자는 누구일까?

공부의 승자는 머리가 좋은 천재가 아니다. 자신의 학습능력에 맞게 구체적이고 실천 가능한 계획을 세워 성실하게 실천하여 지식을 쌓고 쌓은 그 지식을 활용하여 확장성을 갖도록 하는 자다. 공부를 열심히 하겠다고 계획을 세우고 결심을 하는 것은 누구나 할 수 있지만 실행에 옮기는 것은 아무나 하는 것은 아니다. 계획을 세워 놓고도 온갖 구실이나 핑계를 들어 미루고 또 미루면서 하지 않는다. 하물며 자신이 계획을 세운 것 자체도 기억을 하지 못하는 경우도 다반사다.

또한, 공부는 성실만 앞세운다고 해서 승자가 되는 것이 아니고, 그렇다고 효율만 앞세운다고 하여 승자가 되는 것도 아니다. 공부의 승자가 되는 것을 한마디로 말하면 실현 가능한 계획을 세워 성실하게 복습을 실천하는 것이다.

효율적으로 공부하기

효율적으로 하는 공부는 어떻게 하는 것일까?

세상 어느 것도 그냥 얻어지는 것은 없다. 공부도 마찬가지다. 성실함과 근면함을 바탕으로 학습한 지식을 복습하여 자신의 지식으로 만든 다음 그 지식을 적극적 의지로 활용하고 응용할 때 비로소 효율적인 공부가 된다. 다시 말해, 성실이 전제될 때만이 효율을 말할 수 있고, 성실하게 쌓은 지식이 있을 때만이 논리적인 생각의 흐름이 흐를 수 있다. 그 생각은 그 어느 누구로부터 얻어지는 생각이 아닌 자신만의 창의적인 생각이다. 그 생각이 있을 때 비로소 효율적인 공부가 가능하다는 뜻이다.

1. 효율적인 공부는 어떻게 하는 것일까?

· 개념적 지식의 적용 방법과 노하우가 들어 있는 경험적 지식을 자식의 지식으로 만들어 활용할 때.

- 내용과 관련된 지식들 적극적으로 끌어와 반복적으로 이용하면서 이들 간에 논리적인 관계를 갖도록 할 때.
- 책을 처음 볼 때 반드시 90% 이상 논리적으로 이해를 하고 암기해야 할 지식이 있으면 반드시 암기를 하여야 한다. 만약에 그렇게 하지 않으면 다음에 다시 몇 번을 본들 처음 기억에 남았던 부분만으로 생각의 흐름이 흘러 처음 본 내용을 크게 벗어나지 못한다. 이렇다는 사실을 알 때.
- 복습할 때마다 다가온 생각의 차이, 이해의 차이, 접근방식의 차이, 느낌의 차이가 다르다. 그 차이를 잊지 않도록 반드시 메모를 하고, 자신의 지식으로 만들어 활용하여 응용력을 가질 때.

2. 효율적인 공부를 위해 주의할 것들

성실함과 실천의지를 앞세워 지식을 쌓고, 효율을 앞세워 학습능률을 높여 시간을 절약해야 한다. 그렇다고 성실과 효율을 분리할 수 있는 것은 아니다. 하지만 생각의 중심을 어느 쪽에 더 두고 공부하는지는 여러 면에서 나타난다. 학습습관, 논리적인 사고력을 떠받치는 집요함 집중력 그리고 지식의 활용능력을 말해 주는 응용력을 통해 알 수 있다.

성실함 쪽으로 생각의 흐름이 흐르면 '열심히 하면 할 수 있다.'라는 생각에 자신의 능력과 학습습관을 고려하지 않고 학습계획을 세운다. 그렇게 되면 공부의 질보다는 양에 치중을 한다. 생각의 중심이 학습량에 있으면, 논리적인 이해를 위해 시간을 투자하여 깊이 있는 생각을 하기 보다는 정해 놓은 학습량을 처리하는 데 급급하여 사고가 경직된 상태에서 공부를 하게 되고, 시간에 중심을 두면 불과 몇 시간 아니 몇 분이 지나지도 않았는데도 내용에 집중하기보다는 시계를 자주 보며 정해 놓은 시간이 흘러가기를 기다린다. 졸음이 찾아와 꾸벅꾸벅 졸면 서도 정해 놓은 시간을 채우려고 안간힘을 쓴다. 어찌 보면 시간에 종속된 느낌이 들어 한심하다는 생각이 들기도 한다. 공부하는 데 투자한 시간에 비해 얻은 지식이 별로 없다.

반대로 성실보다 효율을 강조하면 깊이 있는 이해와 집중력 있는 공부보다는 쉽고 편한 방식만 찾아 해결하려 한다. 문제나 내용이 귀찮게 보이거나 복잡하게 보이면 시험에 별로 도움이 되지 않는다고 자기 주관적이고 자의적이고 편협적인 판단을 함으로써 자신의 지식으로 만드는 데 소홀하다. 결과적으로 효율을 요령 정도로 생각하는 잘못된 생각으로 지식을 쌓는 일에 게으르다. 지식을 잘 활용하는 것 같지만 지식이 얕고 생각의 힘이 약해 뜻을 이루지 못하는 큰 잘못을 범한다.

성실을 바탕으로 지식을 쌓고 그 지식을 효율적으로 활용하는 공부를 하여라. 그렇게 하는 공부는 배신하지 않아서 학습량과 시간에 대한 심리적인 압박감에서 벗어날 수 있게 해다. 과도한 학습량으로부터 벗어나 시간을 아낄 수도 있다. 그러면 그 식간을 활용하여 충분한 수면을 취해 뇌를 활력 있게 한다. 뇌가 활력이 있을 때만이 응용력 창의적인 생각을 할 수 있다. 그동안 공부한다는 구실로 등한시한 우정을 쌓을 수 있고, 체력을 튼튼하게 만드는 데 시간을 활용할 수도 있다.

3. 지친 뇌를 쉬게 하라

공부를 효율적으로 하여 시간을 아껴라. 그 시간을 활용하여 긴 시간 동안 공부로 지친 뇌에게 휴식을 갖게 하여 활력을 찾도록 하여라. 다만 이때 주의할 점은 공부한 것을 생각해 본다든지, 휴대폰과 같은 전자기기로 시간을 보내지 않도록 해야 한다. 지친 뇌에 휴식은 가중한 학습활동으로 생긴 피로와 지겨움을 모두 날리고 새롭고 상큼한 몸과 마음으로 학습활동에 집중할 수 있도록 재충전하는 매우 중요한 시간이다. 그런데 쉬는 시간이 아깝다고 쉬지 않고 공부를 계속하는 것은 뇌를 더 지치게 하여 오히려 공부의 효율을 떨어지게 하는 것은 물론 뇌를 더 지치게 할 뿐이다. 지친 뇌가 스트레스를 받으면 생각의 지구력이 약해져 생각하는 것이 지겹게 느껴지게 하고, 집중력이 떨어져 논리적인 사고를 하는 것이 힘들고, 신경이 예민해져 사소한 것에도 쉽게 짜증을 부리고, 뇌의 힘이 약해 열심히 암기한 내용을 오래도록 유지하지 못하고 곧바로 기억 속에서 사라진다는 것이다. 이와 같은 비효율적인 공부가 되지 않도록 반드시 휴식을 취하도록 하라. 지친 뇌를 쉬게 한다는 것은 외부의 정보를 받아들이는 활동을 하지 않는 것으로 잠깐잠깐 쪽잠을 자거나 멍때리는 것도 좋다. 이것은 마치 장거리 여행을 하는 도중에 휴게소에 들러 휴식을 취하면서 먹는 간식과 차 한 잔은 꿀맛이고 남은 여행의 즐거움을 더하여 주는 것과 같다. 뇌를 쉬게 할 수 있는 가장 좋은 방법은 충분한 잠을 자는 것이다. '잠을 충분히 자라.' 그 대신 깨어 있는 시간에 공부에 충실하여야 한다.

4. 순수한 우정을 쌓는 데 시간을 투자하라

요즘 세대들은 독자로 태어나거나 형제자매 정도다. 형제자매가 있어도 거의 대부분 자기 방에서 혼자 생활을 한다. 놀 때도 혼자 가지고 놀 수 있는 게임기, 휴대폰, 컴퓨터 등과 같은 전자기기들을 가지고 논다. 이들 기기를 이용한 온라인상에서 인간관계의 많은 부분을 해결한다. 그래서 사람들 간에 부대끼며 생긴 심리적인 갈등을 싫어하고 귀찮아한다.

하지만 문제는 인간은 세상을 무대로 사람들 간에 관계를 맺고 유지하며 살아야 할 사회적인 동물이다. 그러므로 사람들과 어울리면서 살아가는 학습을 단체생활 속에서 해야 한다. 그러니 학교생활에서 친구들과 어울리며 우정을 쌓는 데 시간을 투자하여라.

좋은 친구를 만나고 유지하는 것은 크나큰 행운이다. 좋을 때는 기쁨을 함께함으로써 기쁨이 배가되고, 슬플 때는 슬픔을 함께함으로써 슬픔을 줄여주어 삶을 살아가는 데 결코 외롭지 않게 해 줄 것이기 때문이다. 그리고 뜻하지 않는 어려움을 겪고 있을 때, 때로는 물질적으로, 때로는 따뜻한 조언으로 극복하도록 하여 준다. 성공의 길을 안내하여 성공에 결정적인 역할을 할 만큼 중요한 자산이다.

지난날의 삶의 자취를 들여다보면 친구의 중요성을 강조한 말로 '집에서는 부모를 의지하고 집 밖에서는 친구를 의지한다.'는 말이 딱 들어맞는 말이라고 생각이 든다. 그러니 공부해야 한다고 친구들을 멀리하고 교류도 드문드문하면서 하루 종일 책상을 지키는 것은 얻는 것보다 잃은 것이 더 많을 수도 있다. 성실하되 효율적인 공부를 하여 시간의 압박으로부터 벗어나 많은 친구를 만나라. 이 시기에 우정을 다지는 것은 타오르는 열정을 서로 부대끼며 얻은 순수한 우정이므로 오래도록 지속시켜 평생 사용할 수 있는 자산이 되도록 하여라. 그리고 머리로 기억되어 있다가 잊어버리면 그만인 친구가 아니라 가슴으로 기억되는 친구를 만들어 언제 어디서 만나든 가슴이 설레는 친구가 되도록 하여라. 이때 쌓은 순수한 우정은 세상 모진 풍파를 경험한 친구를 만나는 것과는 비교가 안 되니 절약한 시간을 활용하여 많은 친구들을 만나라.

5. 튼튼한 체력을 만들어라

그렇다. 건강하고 행복하게 살아갈 수 있는 삶의 밑천이다. 성공의 비결도 건강으로부터 비롯된다. 튼튼한 체력과 활발한 두뇌활동은 생각의 힘을 강하게 하여 집중을 발휘하게 하고 기억을 오래도록 유지하여 준다. 건강하고 힘찬 에너지에서 나오는 집중력은 이해력과 응용력을 갖도록 하여 학습의 효율을 높여 준다.

반대로 건강이 뒷받침이 되지 못하면 크나큰 꿈과 이상도 생각에 불과하다. 그것을 향해 한 발자국도 나아가지 못한 채 돌아서야 한다. 따라서 튼튼한 체력과 건전한 정신을 가진 이는 그것만으로도 크나큰 행운의 소유자다. 반드시 효율적인 공부를 하여 시간을 절약하여 이 시기에 일생 동안 사용할 수 있는 육체적 에너지를 만드는 데 적극적으로 활용하여라. 육체적 에너지는 자신의 꿈을 이루기 위한 밑천이 되고 인체의 기능을 향상시켜 열정을 지속시켜 주고, 뇌의 활동이 활발하여 주는 역할을 한다. 그리고 체력이 튼튼할 때 기억력도 좋다. 건강한 육체는 성공을 위한 원동력이 되고 강력한 에너지의 발전소이므로 단순한 운동이라 생각지 말고 몸에 대한 예의를 갖추어 몸 공부를 한다고 생각을 하고 하여라.

꿈을 이루었을 때의 모습을
상상하며 에너지 얻기

시험을 합격하여 꿈을 이루었을 때의 자신의 모습을 상상하며 에너지를 얻어 공부를 열심히 한다. 하지만 그 꿈에 걸맞는 공부를 하지 않아 지식이 부족하여 공부를 향한 열정이 약해지면 동기부여를 얻기 위해 상상해 본다. 몇 번을 되풀이하다 보면 처음에 상상했던 모습이 아닌 다른 모습으로 되어 있다. 이를테면, 사회 안녕과 질서, 공정한 사회를 만드는 데 일조를 하겠다는 인생관을 담아 법관이 되겠다는 꿈을 목표로 정하고 그런 자신의 모습을 상상해 본다. 처음과는 다르게 학습계획을 실천하는 것도 느슨해지고, 열정도 식어 간다. 이럴 땐 보다 강력한 동기부여를 하기 위해 법관이 됨으로써 얻어지는 부수적인 것들을 끌어들여 상상한다. 법관으로서 명성을 얻어 법관을 그만두면서 전관예우를 받아 호화스럽고 사치스러운 것들을 상상한다. 자신도 모르는 사이에 이런 것은 법관이 아니어도 할 수 있다는 생각으로 바뀌어 처음과 전혀 다른 모습이 되어있다.

그러니까 꿈에 걸맞는 학습활동을 하여 지식을 쌓아야 한다. 그러기 위해서 무엇보다 먼저 자신의 학습능력, 학습습관, 생활습관을 냉정하게 분석하여야 한다. 그것을 바탕으로 실천 가능한 학습계획을 세워 실천함으로써 생각의 흐름의 방향과 꿈의 방향이 일치하여 꿈을 이루었을 때 자신의 모습에서 에너지를 얻어 공부에 가속이 붙게 된다.

슬럼프는 누구나 겪는다

왠지 모르게 공부하기 싫고 짜증이 날 때는 어떻게 할까? 공부고 뭐고 다 걷어차고 싶은 생각이 들 때는 어떻게 할까? 하지만 그래도 공부는 해야 하는데 좀처럼 헤어나기 어려울 때는 어떻게 극복할 수 있을까? 맞다. 그렇다면 해야 할 것은 막연하게 생각하면서 슬럼프를 깊고 길게 가도록 하지 말고, 메모지에 메모하여 메모한 것을 보고 원인부터 찾아라. 그러면 아마도 특별한 것 없이, 이유 없이 그냥 생겨난 생각일 것이다.

만약에 원인이 있다면 그것이 공부 외적인 문제로 생긴 것인지, 공부 내적인 문제로 생긴 것인지, 아니면 이것도 저것도 아닌 것으로 그러는지 구분해 본다. 공부 외적인 문제로 집중을 할 수가 없어서라면 스스로 해결할 수 있는 것인지, 스스로 해결할 수 없는 것인지, 해결할 필요가 없는 것으로 스트레스를 받는지 구분해서 처리해라. 그러면 벗어날 수 있다. 예컨대, 피로가 쌓여서 그렇다면 꼭 휴식부터 하여라. 사람은 기계가 아니다. 하물며 기계도 과부하가 걸리면 가동을 멈추고 열을 식힌 다음 재가동하지 않는가 말이다. 그러니까 그 피로가 육체적이든 정신적이든 피로가 누적되면, 뇌가 지쳐서 생각하기도 싫고, 집중하려고 하여도 잘 안되고, 기억하려고 노력하여도 금방 잊게 된다. 먼저 숙면을 취하고 공부 시간을 조정하여 피로를 해소하여라. 또, 상대방과 갈등 관계로 생긴 스트레스는 원인을 찾아 해결할 수 있도록 하여라. 그렇지 않으면 지속된 갈등으로 겪는 시간이 길어짐으로써 생각의 중심이 방향을 잃고 방황을 할 것이다. 방황하는 동안 고생하여 만들어 놓은 학습습관은 망가지게 되고 해야 할 공부량은 더 많아져서 정신적인 부담은 물론 육체적인 고통이 가중되어 공부에 악영향까지 줄 것이다.

공부로 생긴 슬럼프는 대부분의 원인은 문제나 내용을 쉽고 빠르게 이해하여 해결할 수 있지 못할 때 겪는 것으로 공부하는 사람이라면 누구나 겪는 것이다. 학습계획을 세워 열심히 실천하고 있다고 생각을 하는데 테스트를 해 보면 생각만큼 성적 향상이 되지 않고 제자리걸음을 하고 있는 것에 대한 갈등이다. 이런 도돌이표 같은 힘든 시간을 벗어나고 싶은데 벗어나지 못한 자신이 싫어진 것에 대한 스트레스로 나타나는 표출이다. 맞는 말이다. 먼저 그 원인부터 냉철하게 생각해 보라. 생각에 나름 열심히 고생스럽게 공부를 하고 있는 생각의 중심이 학습한 지식의 효율성보다 성실함을 너무 앞세우지는 않았는지, 열심히 쌓은 지식에 대한 복습을 안 하면서도 기억 속에 그대로 남아 있을 거라는 착각을 하고 있는 것은 아닌지, 쌓은 지식들끼리 논리적인 연관 관계를 갖도록 만들어 놓았는지, 쌓은 지식들이 필요할 때 언제든지 활용할 수 있도록 만들어 활용하는 데 적극적으로 노력을 하였는지, 마지막으로 문제 해결을 하지 못한 문제에 대해 그 이유를 찾아 부족한 것들을 채우고 잊지 않도록 노력을 하였는지 생각하여 보아라. 슬럼프로부터 벗어날 수 있는 생각을 갖도록 해 줄 것이다.

부모님으로부터 한 통의 전화가 걸려온다. 어떤 전화일까? 다름 아닌 공부에 슬럼의 이야기다. 그동안 공부를 열심히 하였는데 특별한 이유 없이 공부도 하지 않고 빈둥거리며 시간을 보내는 것 같다는 내용이다. 공부를 할 수 있는 자극이나 동기부여가 필요할 것 같다는 내용이다.

한마디로 말해 정신을 번쩍 들게 하여 공부를 할 수 있도록 하는 자극은 없다. 동기부여를 한다고 하더라도 마음속으로 몇 번만 되뇌면 동력을 만들어 준 동기부여나 의지의 힘이 한계에 다다르면서 식상해진다. 이런 것을 두세 번만 더 하면 같은 생각을 하기도 싫어진다. 결국, 자신의 생각의 변화를 가져와야 한다. 생각의 변화를 줄 수 있는 것은 앞에서 말한 내용으로 자신에 질문을 던져 보아라. 거기서 답을 찾고 이루고자 하는 꿈을 생생하게 그려 보면서 새로운 활력의 에너지를 얻어라.

PART 10

메모

메모는 총명한 기억보다 낫다

　우리는 행운이라면 행운이라 할 수 있고 불행이라면 불행이라 할 수 있는 망각을 불가피하게 마주하며 살아간다. 한편으로 망각 기능을 통해 기억하고 싶지 않은 것들을 잊을 수 있어서 행운이고, 또 다른 한편으로 잊지 않고 기억하고 있어야 할 것을 잊어버려서 불행이다. 이는 누구나 맞닥뜨릴 수밖에 없는 것이다. 하지만 천만다행인 것은 메모할 수 있는 문자와 도구를 가지고 있어서 기억해야 할 것들은 기록으로 남겨 둘 수 있다. 메모는 '총명한 기억보다 낫다.'는 말이 의미하듯 메모는 매우 중요하다. 아무리 좋은 기억의 힘을 가지고 있다고 하더라도 소중했던 순간순간 상황이나, 참신하고 기발하게 번뜩인 생각들을 모두 기억할 수 없을 뿐만 아니라 기억하고 있었던 것도 시간이 지나면서 잊어버린다. 그러니까 메모 내용이 시시콜콜하고 하찮게 생각될지라도 적재적소에 논리적인 생각의 흐름을 갖도록 하는 중요한 역할을 한다.

　메모 기능을 가진 전자기기가 나오기 전에는 필기도구를 가지고 직접 메모를 해야 하는 불편함이 있었지만 전자기기가 나온 오늘날에는 의지만 있으면 이들을 이용하여 메모하여 저장할 수 있고, 더 나아가 동영상까지 만들어 그때 그 상황까지 생생하게 기억을 떠올리게까지 할 수 있다.

그래서 우리들이 공부할 때 이들을 매우 유용하게 사용할 수 있다. 설명을 들으면서 논리적인 흐름을 갖게 하는 내용을 모두 메모를 한다는 것은 쉽지 않은데 그것을 채워 줄 수 있고, 중요하다고 들려준 배경 지식이나 사례까지 메모한다는 것도 어려운데 이것을 저장기능을 이용하여 저장할 수 있다.

문제는 설명을 들을 때마다 기기에 저장하는 것도 쉬운 일이 아닐 뿐만 아니라 설령 저장하였더라도 다시 듣기를 한다는 것은 더더욱 쉬운 일이 아니라는 것이다. 왜냐하면 설명 내용을 저장 기능에 의존하는 자체가 수동적이고 소극적인 행위이기 때문에 설명 내용에 집중력 있게 귀를 기울이지 않는 것은 물론 다시 듣기 위해 적극적인 행위를 거의 하지 않는다는 것이다.

그러니까 불편함을 감수하면서 시시콜콜한 것까지 메모를 하면서 듣는다는 것은 설명 내용에 능동적이고 적극적으로 귀를 기울여 듣는다는 것이다. 그런 만큼 설명 내용을 생생하게 기억할 수 있고, 답습 단계 복습에서 적극적으로 활용하여 자기주도적으로 메모를 보충할 수도 있다. 이것을 이용하여 다음 복습에 도움이 되도록 함으로써 메모기능을 가진 기기를 이용하는 것보다 훨씬 더 큰 학습효과를 가져올 수 있다. 메모한 개념적 지식은 논리적인 생각의 흐름을 강하게 흐르도록 할 수 있고, 경험적 지식은 접근 방법은 물론 정확하고 빠른 이해를 하게 할 수 있다. 특히, 선생님의 경험적 지식은 지식뿐만 아니라 선생님의 정신적인 경험까지 간접적으로 경험할 수 있다는 것이다. 설명할 때 동원되는 선생님의 경험적 지식은 수년 동안 강의를 하면서, 시행착오를 거치면서 만들어진 것으로 노하우가 들어 있는 최고의 지식이다.

생각해 보라. 그런 경험적 지식을 학습자 자신이 스스로 찾아서 논리적 생각의 흐름을 만들기 위해서는 얼마나 많은 시간과 노력이 필요하겠는가 말이다. 하지만 구체적이고 세세하게 메모하여 자신의 지식으로 만들어 응용력까지 갖게 한다면 최단 기간에 청출어람(푸른색은 쪽에서 나왔지만 쪽빛보다 더 푸르다. 스승에게 배운 제자의 학문이나 실력이 스승을 능가함.)을 할 수 있다.

반대로 메모를 하지 않는다면 내용을 이해하는 과정에서 많은 시간과 노력을 해야 할 것이고, 논리적인 흐름을 쉽게 만들지 못해 답답함이 마음을 짓눌러 생각의 진행을 방해하여 포기하게 함으로써 실력 향상과는 점점 멀어질 것이다.

사실, 공부를 힘들어하는 이들 대부분은 메모를 성실하게 하지 않는 것은 물론 공부한 내용을 자신의 지식으로 만드는 일에 힘쓰지 않는다.

꿈을 이루고 싶다면 무엇보다 먼저 능동적이고 적극적으로 설명 내용에 귀를 기울여서 듣고, 메모를 하고, 그것을 바탕으로 복습을 하여 자신의 지식으로 만드는 것이다. 이런 일련의 과정이 지식을 가장 빠르게 쌓을 수 있고 꿈을 이룰 수 있는 유일한 방법이라고 주문처럼 하루에 수없이 틈나는 대로 자신에 일러 생각의 흐름을 만들어 학습습관이 만들어지도록 하여라. 그러면 학습활동을 할 것이고 그에 따라 실력이 쌓여 꿈을 이룰 수 있을 것이다.

기억의 한계를 극복하게 한다

　오늘날 우리는 정보가 홍수처럼 넘쳐나는 정보과잉시대에 살고 있다. 이렇게 넘쳐나는 정보를 의식적이든 무의식적이든 모든 정보를 수용할 수가 없다. 그렇다고 모든 정보를 수용할 필요까지는 없지만 반드시 필요한 정보를 수용해서 기억하고 있어야 한다. 문제는 인간의 뇌는 기억하는 데 한계가 있기 때문에 필요한 정보만이라도 수용할 수가 없다는 것이다. 물론 개개인에 따라 기억하는 정보의 양과 기억하는 시간의 차이가 있는 것은 맞지만 실제로는 거의 비슷하다. 그런데 차이가 큰 것처럼 보이는 것은 기억해야 하는 정보를 얼마나 집중적으로 반복되게 생각을 하느냐 안 하느냐, 메모한 것을 얼마나 자주 활용을 하느냐 안 하느냐의 차이가 그렇게 느끼게 한다. 따라서 기억하고자 한 정보를 메모하여 어떻게 어떤 방식으로 반복하여 활용하느냐에 따라 얼마든지 차이를 줄일 수도 있고, 능가할 수도 있다. 이런 식으로 기억의 한계를 극복하여 풍부한 지식을 쌓고 좋은 성적으로 합격의 문을 통과할 수 있지만, 메모를 하지 않고 활용하지 않으면 능력의 한계를 실감하면서 자신감을 잃는다. 그러니까 메모를 하고 메모한 것을 잘 활용해야 한다.

특히, 수험생은 많은 학습과목에 대해 강의를 듣고, 들은 내용을 짧은 시간에 모두 기억을 할 수 없고, 강의 내용처럼 논리적으로 생각할 수 없으니까 반드시 메모를 하여야 하는 것이고, 메모를 하는 이유다.

사람은 누구나 기억의 한계를 넘는 정보를 접하게 되면 가장 오래된 정보는 내보내고 들어온 새로운 정보가 기억의 창고의 한자리를 차지하게 된다. 최전방에 있는 정보는 다음에 오는 정보에게 대치가 되는 것은 사실이지만 단순히 새로운 정보에 의해서만 대치는 되는 원인만은 아니다. 새로운 정보가 추가되든 안 되든 시간이 흘러감에 따라 단순히 침식되어 갈 수 있다. 다시 말하면 시간이 흐름에 따라 천연색 사진의 색이 바래지듯이 저장된 정보도 시간의 흐름에 따라 사라지는 것은 당연한 것이다. 상식적으로 생각하여 보면 그렇지만 인간에게는 예외가 있다. 바로 그것이 복습이라는 것이다. 반복학습이 된 정보는 쉽사리 대치가 되지를 않는다. 반복을 하고 있는 동안에 새로운 정보가 들어오는 것이 아니라 기존의 정보에 대한 인상을 더 강하게 만들어 오래도록 유지하여 준다.

끝없이 밀려오는 새로운 정보에 의해 오래된 정보가 기억 속에서 사라지기도 하고, 시간이 흐름에 따라 자연스럽게 기억된 정보가 사라지는 것도 당연하지만, 메모를 하고 메모한 것을 잘 활용하여 기억의 한계를 극복하여라. 그렇게 하기 위해 메모하는 습관을 가져라.

메모할 때 주의할 점

'문제 풀이의 식은 굳이 쓸 필요 없고, 풀이 과정에서 적용되는 개념적 지식과 경험적 지식은 반드시 메모를 해야 한다.'고 아무리 강조해도….

특히, 수학은 다른 과목과는 다르게 풀이와 식을 열심히 쓰지만 써놓은 풀이를 보면서 문제 풀이를 하는 이들은 거의 없고 보지도 않는다. 스스로 다시 풀어 보면서 계산이 막히는 부분이 있으면 참고하는 정도에 불과하다. 풀이에 대한 식은 해답에 다 있으니까 굳이 메모하지 않아도 된다. 하지만 설명 내용 속에 들어 있는 개념적 지식이나 경험적 지식은 구체적이고 자세하게 메모하지 않으면 안 된다. 수없이 끝남과 동시에 잊어버릴 수도 있고, 기억에 있다 하더라도 어렴풋하게 있으면 마치 부실하고 부정확한 지식이 논리적인 생각의 흐름을 만들어 내지 못하는 것과 같다. 그러니까 반드시 문제 풀이 과정에 적용되는 개념적 지식과 선생님의 노하우가 들어 있는 경험적 지식은 구체적이고 자세하게 메모를 해야 한다. 개념적 지식이 공부하고 단원에 있는 것일 수도 있지만 공부한 지 오래된 것일 수도 있고, 개념적 지식만으로는 정확하면서도 빠르게 풀 수 없는 것을 해결하여 주는 경험적 지식이다. 이런 지식들은 스스로 찾아 적용하는 것도 힘들고, 활용하기까지는 시간도 많이 필요하다.

설명을 들으면서 구체적이고 자세하게 메모하는 것은 사실 어렵다. 그래서 가장 기억이 생생할 때 복습을 하면서 보강메모를 하여야 한다. 여기에 확인하는 복습을 수차례 하면서 그때마다 다가오는 느낌과 자신만의 접근방식을 덧붙이면서 메모하여 보아라. 그러면 내용을 생각 속에 오래 머무르도록 하여 기억을 오래 하게 할 것이고, 다가오는 느낌도 다르고, 접근하는 생각도 다르다는 것을 알게 될 것이다. 이것이 바로 찾고 싶은 응용력이다.

선생님의 설명 속에 들어 있는 여러 가지 지식들을 자신의 지식으로 만드는 것은 마치 자동차가 울퉁불퉁한 비포장도로를 고생하면서 달리던 것을 쭈우욱 뻗은 포장도로를 달리게 해 주는 것과 다름없다. 다시 말해, 문제와 관련된 지식을 끌어오는 것도 힘들고, 끌어와 적용하는 것도 힘들고, 연산연립하는 것도 힘든 것을 선생님이 그동안 쌓은 지식으로 막힌 생각의 흐름을 뚫어 쉽고 빠르게 답을 구할 수 있게 한다는 것에 더불어 청출어람을 할 수 있게 한다는 것이다.

1. 정리를 위한 정리는 시간 낭비다

강의를 들은 직후 기억이 생생할 때 복습하면서 메모한 내용을 수정 보완해야 한다. 그런데 우리는 어떻게 하는가? 메모도 하지 않는 것이 사실이지만 한다고 하더라도 다시 정리하는 것에 그친다. 그 정도에서 그치는 이유를 들어보면 메모한 공책이 맘에 들지 않아서, 글씨체가 맘에 들지 않아서, 줄이 맞지 않아 들쑥날쑥해서와 같은 것이다. 물론, 맘에 들도록 정리하여 잘 활용하겠다는 생각으로 시작한다. 하지만 생각과는 다르게 시간이 얼마 지나지 않아 지루함 조급함과 같은 잡념이 생각과 뒤섞이면서 눈은 메모한 내용을 보고 손으로 베끼는 정리를 위한 정리에 불과하게 된다.

그럼에도 불구하고 우리는 메모한 것을 베끼는 그 시간 동안을 공부한 것으로 착각을 한다는 것이다. 생각이라는 것이 참 우습지 않은가? 그렇다면 착각을 인식하지 못하고 반복된 행동을 하는 이유는 무엇일까? 하나는 자신이 하고 있는 생각과 행동이 무엇을 하고 있고, 무엇을 위한 생각과 행위인가를 되돌아보지 않는다는 것이다. 마치 공부할 때 학습계획을 이행하기 위한 공부인지 아니면 알기 위한 공부를 하는 것인지에 대한 묻지도 않고 답도 없는 것처럼 말이다. 또, 다른 하나는 효율보다 성실에 치우쳐 몸을 혹사시키면서 하는 것에 익숙해져 있다는 것이다. 마치 일을 할 때도 땀을 뻘뻘 흘리면서 일하는 데 익숙한 사람이 요령을 가지고 일을 쉽고 빠르게 하면 일을 대충 처리한 느낌이 들어 왠지 찝찝한 생각이 드는 것처럼 말이다. 문제 풀 때도 다름없다. 어렵다고 생각되는 문제를 풀었을 때, 생각보다 쉽게 풀리면 배경지식을 활용하여 응용력을 발휘하여 풀었다고 좋아하기보다 자신의 답이 틀린 것만 같은 느낌이 들어 또다시 풀어 본다. 하물며 '문제가 이상하지 않은가?'라고 생각하거나, '답이 틀리는 것이 아닌가?'라고 자신을 의심하기까지 한다. 이런 생각을 하는 것은 단순한 것 같지만 단순하지가 않다. 한마디로 그동안 집중을 하지 못하고 잡념이 뒤섞인 상태에서 많은 시간을 들여 문제를 풀던 것에 익숙 되어 있다는 뜻이다. 정리를 위한 정리 메모를 하면서 시간을 보내는 것도 상활습관 학습습관에서 비롯되었다고 볼 수 있다. 그러니까 메모를 다시 정리할 때도 정리를 하는 이유에 대한 물음을 던지고 그에 대한 답을 하면서 하여라. 그럴 때 메모한 것을 효과적으로 활용하여 응용력과 창의적인 생각을 만들어 낸다.

2. 메모했다고 복습을 차일피일 미루지 마라

메모한 내용을 언제든지 맘만 먹으면 활용할 수 있다고 생각지 마라. 아마도 그 생각은 착각일 수도 있다. 시험 기간이 아닌 평소에 메모한 공책을 활용하여 공부를 하는지 지난날의 자신을 되돌아보라. 그러면 메모했다고 복습하는 것을 차일피일 미루는 것도 구실일 뿐이라는 것을 알 것이고, 미루면 안 된다는 사실도 그 누구보다도 자신이 더 잘 알고 있을 것이다. 그러니까 의지를 앞세워 미루지 말고 메모한 것을 활용하는 공부습관을 만들어라. 그렇지 않으면 메모는 낙서한 것이나 다름없을 것이다.

내 맘 같지 않은
네 가지 이유

ⓒ 정태형, 2023

초판 1쇄 발행 2023년 2월 24일

지은이   정태형
펴낸이   이기봉
편집   좋은땅 편집팀
펴낸곳   도서출판 좋은땅
주소   서울특별시 마포구 양화로12길 26 지월드빌딩 (서교동 395-7)
전화   02)374-8616~7
팩스   02)374-8614
이메일   gworldbook@naver.com
홈페이지   www.g-world.co.kr

ISBN   979-11-388-1658-8 (03190)